Le
Livre
de
Poche
Jeunesse

LÉGENDES DE LA MER

BERNARD CLAVEL

LÉGENDES DE LA MER

Commentaires de Nicole Sinaud

Illustrations :
Rosier-Gaudriault

Pour Geneviève

Avant-propos

Lorsque j'ai décidé d'ouvrir cette série de contes et légendes par un recueil consacré aux rivières et aux lacs, sans doute avais-je besoin, pour toucher au rivage du merveilleux, de m'accrocher aux réalités de mon enfance. Le Jura est un pays de torrents, d'étangs et de lacs, et j'ai satisfait, en commençant par là, le besoin qui demeure en moi de tout rattacher à ce qui constitue l'essentiel de mon bagage.

Mais il reste que, sur cette terre située fort loin des mers, j'ai également connu le rêve et qu'en ce rêve la mer avait sa place. En ces temps où l'image animée n'avait pas encore pris le pas sur le dit et l'écrit, j'ai passé de longues heures à imaginer les océans jamais vus. Loin de la mer, durant des années, j'ai rêvé de vagues, de marées, de voiles et de traversées vers des îles pareilles à celle de Vendredi. Un vieux chêne têtard, au pied duquel une eau noire croupissait dans une large cuve de bois, a été tour à tour mon sous-marin et mon trois-mâts. De ma passerelle, je dominais le jardin où le vent roulait des vagues de feuillage. Ballotté par cette houle de salades, dominé par la marée montante des haricots ramants, mon père poussant sa brouette était un pêcheur d'Islande luttant contre les éléments déchaînés à bord d'une barque dérisoire.

Beaucoup plus tard, lorsque j'ai découvert la mer, elle m'a coupé le souffle. Elle était plus lumineuse et plus vaste encore que l'univers de mes rêves, même si elle n'offrait pas à la vue tous les éléments du drame. Aujourd'hui, chaque fois que je la retrouve, elle m'attire et m'effraie. Infiniment séduisante, elle n'en demeure pas moins redoutable à mes yeux, et, si les légendes ne m'y avaient poussé en m'assurant de leur soutien, sans doute n'aurais-je jamais osé lui consacrer une ligne.

Mais le mystère des océans se métamorphose lorsque ce sont les héros de légende qui vous prennent par la main pour vous servir de guide.

Donc, une fois de plus, m'approchant des enfants, c'est avec ma propre enfance que j'ai renoué. Ma soif de rêve et mon désir d'évasion m'ont poussé vers le large où s'ouvre l'univers secret des grands fonds. Le vent de l'aventure souffle en direction des rivages pour ceux qui habitent l'intérieur des terres, et les songeries éveillées sont, autant qu'un navire, l'esquif où l'on embarque.

Peut-être, pénétrant ce domaine des eaux, convient-il de se souvenir qu'il est le milieu le plus chargé de vie mais aussi le plus menacé. Ce sont aujourd'hui les savants qui deviennent les vrais explorateurs, et ceux que j'ai rencontrés à l'Observatoire de la Mer de l'île des Embiez m'ont souvent parlé en poètes. Eux aussi voudraient voir les jeunes gens approcher les mystères de l'océan et œuvrer pour que ce monde demeure vivant.

Les réalités sous-marines, si longtemps imaginées avant d'être découvertes, recèleront une part de mystère tant que la mer restera vivante. Il faut souhaiter qu'elle le reste toujours pour des raisons d'équilibre biologique, mais aussi parce que ce réel est le pain de nos rêves.

Il arrive d'ailleurs que le rêve naisse de l'action ou qu'il détermine l'acte, et, lorsque les biologistes plongent et travaillent pour sauver une espèce, c'est qu'ils portent en eux l'amour de la vie et la foi qui animaient les génies protecteurs des poissons, des dauphins et des phoques, héros de nos légendes.

B.C.

Le septième fils
du pêcheur breton

France

À Audierne, il y avait jadis un pêcheur très pauvre qui avait bien du mal à nourrir ses six enfants. Comme tous les pêcheurs bretons, il aimait l'océan, mais l'océan n'est pas toujours un ami facile. Les vrais marins ont beau le connaître depuis des générations, il arrive qu'ils se laissent surprendre par ses colères. Or, notre pêcheur, qui s'appelait Yan, était parmi les plus audacieux et il avait, à plusieurs reprises, frôlé la mort pour s'être trop approché des rochers où le poisson se tient dans les vagues.

« Si tu n'y laisses ni ton bateau ni ta propre

carcasse, lui disaient les vieux, tu finiras bien par y laisser au moins tes filets. »

Yan n'était pas de ceux qui méprisent la sagesse des anciens, mais, parce qu'il avait besoin de gagner le pain des siens, il lui arrivait d'oublier le danger.

À l'époque où commence cette histoire, Yan mettait d'autant plus d'ardeur à la besogne qu'il allait être père d'un septième enfant. Déjà, dans la petite maison qu'il habitait sur le port, sa femme avait préparé le berceau et les langes.

Or, un matin qu'il pêchait entre l'île de Sein et le phare de la Vieille, le pauvre Yan crut bien que son filet, accroché à un rocher, allait être perdu. Les courants et les remous, toujours très violents face à la pointe du Raz, ne facilitaient pas la manœuvre. De plus, un coup de vent, qui semblait s'être levé sur la baie des Trépassés, poussait la barque en direction des brisants qui entourent le phare. Un instant, Yan se crut perdu ; comme il allait abandonner son filet pour tenter de sauver au moins son bateau, le vent s'apaisa et le filet monta enfin. Il était très lourd, et le pêcheur transpira beaucoup pour le hisser à bord. Il se réjouissait déjà en pensant qu'il devait contenir une grande quantité de poissons, lorsqu'il vit apparaître à la surface un visage de femme, encadré d'une longue chevelure de très fines et très lumineuses algues blondes.

Tout d'abord effrayé, Yan se reprit en comprenant qu'il avait capturé une sirène. Or, s'il ramenait à terre un de ces êtres étranges dont tout le monde parle et que personne n'a jamais vus, sa fortune serait assurée.

Mais la femme aux yeux couleur de mer profonde avait une voix d'une infinie douceur. En breton, et sans la moindre trace d'accent étranger, elle lui dit :

« Yan, tu es un brave homme. Je t'en supplie, ne m'emmène pas sur la terre. J'y serais plus malheureuse que toi au fond des mers. Ne commets pas une mauvaise action le jour où vient de naître ton septième enfant.

— Qu'est-ce que tu racontes là ? demanda le pêcheur.

— Mais oui, tu ne le sais pas encore, mais l'enfant que tu attendais est né il y a un peu plus d'une heure. Et je puis même te dire que c'est un beau bébé. »

Comme Yan ne se décidait pas à libérer la sirène, celle-ci ajouta :

« Écoute-moi, je te propose un marché. Tu as sept enfants et moi je n'en ai pas. Je vais te donner une pièce d'or que tu placeras dans ta chemi-

née. C'est une pièce magique. Chaque matin, tu en trouveras une autre à côté. Cet or te permettra de nourrir ta famille sans travailler, mais tu vas me promettre de me donner ton bébé qui vient de naître. Demain matin, tu m'apporteras l'enfant. Je t'attendrai au fond de la baie des Trépassés. »

Voyant la pièce d'or que lui tendait la sirène, Yan promit en se disant qu'une pièce est toujours bonne à prendre, et que la parole qu'on donne à un être de cette espèce n'a pas grande importance. Il libéra la sirène, hissa la voile et rentra au port.

Le nouveau-né se portait à merveille. Il était plein de vie et ses parents l'appelèrent Yvon. Bien entendu, Yan posa la pièce d'or sur le sol du foyer, mais il garda son fils. Désormais, il ne pêchait plus que pour son plaisir, car, chaque matin, il trouvait une pièce d'or à côté des cendres refroidies. À ceux qui s'étonnaient de le voir vivre mieux en travaillant moins, il dit que sa femme avait hérité d'une vieille tante, originaire de Trégastel.

Pourtant, Yan redoutait de rencontrer la sirène, et il évitait d'aller pêcher dans le raz de Sein. Mais la sirène, furieuse d'avoir été trompée, finit par le retrouver alors qu'il naviguait au large de Saint-Guénolé. La mer était calme, le soleil d'or plongeait vers l'horizon lorsqu'elle apparut à quelques brasses du bateau qu'une brise légère ramenait lentement au port.

« Tu t'es joué de moi ! lança-t-elle au pêcheur. Mais je te prédis qu'un jour ton fils m'appartiendra ! »

Yan n'eut pas le temps de souffler mot que déjà la sirène avait disparu. Très inquiet, il rentra chez lui et recommanda à sa femme et aux plus âgés de ses enfants de bien surveiller le petit Yvon.

C'est ainsi que ce fils de pêcheur grandit dans un port sans avoir jamais le droit de monter sur un bateau. Et tout l'amour que portent aux choses de la mer les enfants élevés près des rivages, il le voua aux choses de la terre. Courant la lande, il apprit à aimer les plantes, les animaux et surtout les oiseaux.

Il devait avoir une dizaine d'années, lorsqu'il lui arriva un soir de délivrer un épervier pris au piège. Touché par ce geste, le grand oiseau lui dit :

« Tu es un garçon très bon, et tous les êtres vivants ne sont pas comme toi. La bonté n'est pas toujours récompensée, mais moi, pour te remercier, je te donne le pouvoir de te changer en épervier lorsque tu seras en danger. Si tu avais à t'évader un jour, dis simplement : « Épervier, mon ami » et tu voleras aussi bien que moi. Seulement, attention : tu ne devras user de ce pouvoir qu'en cas de grand péril. Et ce pouvoir doit rester secret. »

Yvon continua de grandir. Il n'oubliait pas sa rencontre avec l'oiseau, mais n'en parlait jamais à personne. Il n'en informa même pas la belle Yolande qu'il rencontra le jour de ses dix-neuf ans et qui lui promit sa main.

Les deux jeunes gens étaient heureux, les deux familles préparaient la noce. Or, un pêcheur de Loctudy voulait, lui aussi, épouser Yolande. Pour se débarrasser de son rival, il gagna sa confiance et, après l'avoir fait boire plus que de raison, il l'invita à bord de son bateau. Le cidre aidant, Yvon oublia les recommandations de ses parents, et les deux garçons gagnèrent le large. Dès que la côte ne fut plus en vue, le pêcheur poussa Yvon à la mer. Ayant toujours vécu sur la terre ferme, le pauvre garçon ne savait pas nager et coula à pic. Mais, au fond de l'eau, la sirène, qui l'attendait depuis près de vingt ans, était là pour le sauver.

Yvon, qui avait cru sa dernière heure arrivée, reprit conscience dans un merveilleux palais sous-marin aux murs tapissés de coquillages et d'écailles étincelantes.

Dans cette demeure où vivait tout un peuple de poissons aux nageoires de lumière, le service était assuré par des pieuvres qui pouvaient porter une douzaine de plateaux à la fois. Le chef cuisinier était un énorme crabe, fort habile mais pas commode du tout. Quant à la garde du palais, elle était confiée à une armée de murènes placée sous les ordres d'un requin qui ne plaisantait pas avec le règlement. Yvon s'amusa de tout cela durant quelques semaines, puis il s'ennuya de ses parents et de sa fiancée.

« Écoute, dit-il à la sirène, je me plais beaucoup ici. La nourriture est bonne, tout le monde est gentil avec moi, mais la vie sous l'eau me donne des bourdonnements d'oreilles et des maux de tête qui m'empêchent de dormir. Si je pouvais seulement prendre l'air de temps en temps, je crois que je serais le plus heureux des hommes.

— Soit, répondit-elle, je vais te conduire jusqu'à la surface de l'océan. Mais les murènes et le requin nous accompagneront. Et je te préviens, si ton père approche avec son bateau, il sera mis à mal en moins de temps qu'il n'en faut pour le dire.

— Ne t'inquiète donc pas, dit le garçon. Si la moindre barque est en vue, nous plongerons aussitôt. »

Et, porté par la sirène qu'entouraient ses gardes du corps, Yvon regagna la surface. Nul

bateau ne naviguait dans les parages mais, dès qu'il eut émergé, le garçon murmura :

« Épervier, mon ami ! »

Et la sirène, ébahie, le vit se transformer en oiseau et s'envoler vers la falaise. Le requin et les murènes bondirent hors de l'eau, mais il était trop tard.

À tire-d'aile, l'épervier gagna la côte. Aussitôt sur le rocher, il reprit forme humaine et se mit à courir en direction du village.

Bien entendu, il épousa la belle Yolande. La noce dura quatre jours et quatre nuits. Quatre jours et quatre nuits pendant lesquels le rival d'Yvon écouta les chants et les cris de joie qui lui parvenaient jusqu'au fond du cachot où l'avaient enfermé les gendarmes d'Audierne.

Les sirènes sont nombreuses dans les légendes bretonnes, comme dans tous les pays en bordure de mer. Ces êtres étranges, aux pouvoirs fabuleux, semblaient pourtant proches des humains par leur caractère. Celle que rencontra Yan le pêcheur, envieuse et rancunière, ne lui pardonna pas de l'avoir trompée, et elle chercha sans cesse à se venger. Mais si vous saviez être bon envers elles, loin d'être ingrates, elles se consacraient au bonheur de leurs amis. L'attitude des sirènes dépendait au fond de celle des hommes.

Une autre légende bretonne nous parle d'une de ces sirènes qui transforma la vie d'un jeune garçon, pour le remercier de l'avoir sauvée. Deux jeunes enfants pêchaient sur les rochers, lorsqu'ils virent une sirène qui dormait sur l'eau, non loin de la côte. Les deux complices se glissèrent sans bruit dans la mer et nagèrent avec mille précautions. Ils saisirent les longs cheveux blonds qui flottaient et amenèrent leur proie sur la plage.

Hors de l'eau, la sirène les supplia : « Je vais mourir », répétait-elle inlassablement. Les garçons se mirent à réfléchir. L'aîné voulait absolument goûter la chair de la pauvre prisonnière, et il tenait à profiter de cette aubaine. Le second, Yvan, était plus généreux. Pris de pitié, il proposa de rejeter cette extraordinaire créature à la mer. Une dispute éclata. Yvan offrit à son camarade de lui abandonner tout son argent contre la liberté de la sirène. Le marché fut conclu.

La nouvelle amie d'Yvan lança une flûte aux pieds de son sauveur, puis elle disparut dans les flots. Cette flûte devait permettre au jeune garçon d'appeler la sirène lorsqu'il aurait un ennui.

Bien des années plus tard, Yvan devint capitaine. Un jour, victime d'une effroyable tempête, il fit naufrage. Il prit alors sa flûte et appela la sirène. Elle parut aussitôt, conduisant un grand navire destiné à remplacer celui que le jeune homme avait perdu. Le bateau n'avait pas besoin de matelot, les manœuvres se faisaient toutes seules. L'équipage put se reposer, et le capitaine devint bien vite très riche grâce à la générosité et à la gratitude de son amie du fond des mers.

Le trésor
de l'île Ferdinandea

Sicile

Gina était connue de tout le pays pour son mauvais caractère. Dans le village de Sciacca, lorsque
soufflait le vent qui porte la tempête, on disait
volontiers :

« C'est un vent aussi mauvais que Gina. Et
ceux qui auront à le subir en pleine mer pense-
ront certainement au pauvre Beppo, qui a épousé
cette furie. »

Bien entendu, on le disait lorsqu'on était certain qu'elle se trouvait loin, car il n'y avait pas que
le malheureux Beppo pour redouter cette femme
acariâtre.

Beppo n'avait que sa barque pour fortune, et de mauvaises lignes souvent cassées par des poissons qui n'étaient pourtant jamais bien gros. Il n'était peut-être pas un très fin pêcheur, mais il faut dire aussi que le fait d'entendre sans cesse crier Gina n'était pas pour lui donner confiance en lui. Depuis dix ans qu'il l'avait épousée, la malchance le poursuivait à tel point qu'il finit par se persuader que la mégère avait le mauvais œil.

Un jour, son ami Vincenzo lui dit :

« Cette femme-là est une créature du diable. Tu devrais t'en débarrasser ; sinon, elle finira par te faire tourner la tête. »

Dès cet instant, Beppo se mit à réfléchir. Comme il n'était pas mauvais homme, l'idée de tuer son épouse ne lui vint pas un instant à l'esprit. Mais, sachant qu'elle n'était pas très experte dans le maniement de la voile, il se dit que, s'il pouvait l'amener à s'embarquer seule un matin où soufflerait le vent de terre, il aurait peut-être la chance qu'elle soit emportée jusqu'aux rivages d'Afrique. Comme il savait Gina très désireuse de gagner beaucoup d'argent, un soir qu'il venait de rentrer au port par gros temps, il lui dit :

« Je n'ai rien pris, mais ne me frappe pas. Ce n'est pas ma faute, la tempête m'a surpris... »

Il n'eut pas le temps d'achever que déjà son épouse, empoignant le balai, se mettait à cogner.

« Arrête ! implora le pêcheur... Quand tu sauras ce que j'ai découvert, tu regretteras de m'avoir battu.

— Qu'est-ce que tu as découvert ? Un cabaret pour te soûler ?

— Non, pas du tout. La bourrasque m'a poussé vers l'île Ferdinandea. Et là, en déplaçant une pierre pour amarrer mon bateau, j'ai découvert un trésor. Mais la mer était trop mauvaise, je l'ai laissé de peur de le perdre au retour. »

Gina posa son balai, versa même un demi-verre de vin à Beppo et se fit donner des précisions sur l'endroit où se trouvait le trésor.

« C'est bon, dit-elle, nous irons le chercher. »

Le lendemain, la tempête avait cessé, mais Beppo, qui connaissait fort bien le temps, comprit qu'avant midi le vent de terre se lèverait derrière la montagne et plongerait vers la mer.

« Tu sais, dit-il, cette tempête d'hier et les coups que tu m'as donnés m'ont rendu malade. Je suis incapable d'embarquer aujourd'hui. »

La mégère grogna, mais, voyant la mer parfaitement calme, elle décida de partir seule.

Dès qu'elle eut levé l'ancre, Beppo quitta sa paillasse et s'en fut au café, où il retrouva ses amis.

« Qu'est-ce que tu as fait de ta femme ? lui demanda Vincenzo.

— Elle a voulu partir seule à la pêche, dit Beppo. Elle prétend qu'elle prendra dix fois plus de poisson que moi.

— Et tu l'as laissée s'embarquer alors que le vent de terre menace ? fit observer Enrico. Ce n'est pas prudent.

— Tu sais bien quel caractère elle a. J'ai tout fait pour la retenir, mais elle m'a frappé. Tenez, regardez mon dos. »

Le pêcheur quitta sa chemise, et ses amis purent voir les traces des coups qu'il avait reçus la veille.

« Ma foi, dirent-ils, si elle est prise par la tempête, elle n'aura que ce qu'elle mérite. »

À midi, lorsque les premières rafales dévalèrent les pentes en miaulant, Beppo, qui avait vidé bon nombre de bouteilles, se leva, titubant, et gagna tant bien que mal la jetée. Déjà de lourdes vagues se formaient, poussant vers le large leur écume d'argent. Le ciel se couvrit rapidement et, avant la tombée de la nuit, on put voir d'énormes masses d'eau déferler sur les rochers de l'île Ferdinandea.

Bien entendu, toutes les embarcations avaient

depuis longtemps regagné le port. Toutes, sauf la petite barque de Beppo.

Bon comédien, le pêcheur se lamentait :

« Elle me battait, disait-il, mais je l'aimais bien. Où est-elle, à présent, perdue dans cette tempête ? Mon Dieu, protégez ma pauvre Gina et faites qu'elle me revienne !

— Il faudrait un miracle », disait Vincenzo.

Mais il arrive que le Bon Dieu exauce les prières, même lorsqu'elles ne sont pas sincères. Car le miracle se produisit.

Quatre mois passèrent. Quatre mois durant lesquels, après avoir fait célébrer une messe pour le repos de l'âme de Gina, Beppo coula des jours heureux d'un estaminet à l'autre.

Et puis, au terme de ces quatre mois, un soir qu'il regagnait son logis après une journée passée à boire et à chanter, Beppo aperçut devant sa porte une forme qu'il prit tout d'abord pour le fantôme de Gina. Mais les hurlements qui lui déchirèrent les oreilles et les coups qu'il reçut le détrompèrent rapidement. Ce n'était pas un spectre, mais son épouse en chair et en os, bien vivante et plus furieuse que jamais.

« Ah ! bandit, criait-elle, tu m'as menti pour te débarrasser de moi ! Eh bien, tu vas payer ! Tu vas même payer très cher...

29

« Tu veux savoir d'où je viens ? Tu me croyais en enfer ? Tu te trompais. Oui, j'ai fait naufrage. Oui, ta barque est perdue. Mais moi, j'ai été sauvée par les marins d'un bateau qui partait pour Tunis ! J'ai fait le voyage avec eux. Un voyage bien agréable dans un pays fort beau à voir. Seulement voilà, ces voyages-là coûtent très cher. À présent, il faut payer. Et je crois bien que tu n'auras pas trop de toute ta vie pour rembourser ce que je dois. »

Courbant l'échine sous les coups, le pauvre Beppo se lamentait :

« Mais je n'ai plus de bateau pour pêcher.

— Pêcher, cria-t-elle, ce serait le paradis, pour toi ! Et tu ne prendrais jamais assez de poisson pour me nourrir et payer mes dettes. Tu iras à la carrière casser les pierres à coups de masse. »

Dès l'aube du lendemain, Beppo prenait le chemin de la carrière. Là, sous le soleil qui vous cuit la peau et dans la poussière qui vous brûle la gorge, il se mit à travailler. Jusqu'à la fin de sa vie, il arrosa de sa sueur les cailloux qu'il cassait.

De loin en loin, lorsqu'il se redressait, une main sur ses reins douloureux, il apercevait la mer bleue où dansaient des voiles blanches pareilles à celles du bateau sur lequel il avait connu les heures les plus heureuses de sa vie.

Si les légendes évoquent encore le nom de Scylla, ce monstre transformé en rocher, au bord du détroit de Messine, c'est que de nombreux marins furent les victimes de cet écueil. Beaucoup d'îles sont restées célèbres à cause des dangers qu'elles présentaient.

Ce n'est pas le cas de l'île Ferdinandea, qui ne resta hors de l'eau que trois mois. Les habitants des environs imaginèrent alors toutes sortes de récits où l'île engloutie jouait un grand rôle. L'histoire même de l'île est presque un conte. Elle eut aussi deux noms : Julia et Ferdinandea.

Au mois de juillet 1831, surgit du fond de la mer, dans la Méditerranée, une île véritable, avec des montagnes, des plaines, enfin tout, sauf des hommes, bien sûr. Le capitaine d'un bâtiment anglais qui faisait route vers l'Afrique en prit possession au nom de son pays, puis il rendit compte de sa découverte à son gouvernement. L'îlot devint l'île Julia.

Quelque temps plus tard, un navire napolitain accostait à son tour. La même scène se produisit. Le commandant planta, avec solennité, le drapeau du roi des Deux-Siciles. Le lopin de terre fut baptisé : Ferdinandea.

L'aventure faillit provoquer un incident entre les deux pays. À qui appartenait l'île ? Chaque parti la réclamait.

Pendant ce temps, les Anglais, qui considéraient cette terre comme britannique, nommèrent un gouverneur. Le brave homme quitta Londres avec toute sa famille et il paraît même qu'il vendit tous ses biens avant de s'embarquer.

Après un long voyage, le bateau franchissait enfin le détroit de Gibraltar et s'engageait résolument dans la Méditerranée, se dirigeant vers l'île Julia. Il fallut la chercher bien longtemps : elle semblait introuvable. Craignant une erreur, le navire croisa plusieurs jours dans les parages, mais on dut se rendre à l'évidence, aucune terre n'apparaissait à l'horizon.

L'île Julia, qui suscitait d'interminables discussions entre les Anglais et les Napolitains, avait disparu la veille de l'arrivée du gouverneur. Il paraît que depuis elle n'est jamais réapparue. Elle n'était restée que trois mois hors de l'eau.

La fille du génie
des flots

Algérie

Un jour que je descendais par les ruelles de la cas-
bah d'Alger, j'ai eu la chance de rencontrer un
vieux conteur arabe. Ce petit homme sec et voûté,
aveugle depuis des années, portait en lui tout un
monde de lumière et de vie. Lui, dont les yeux ne
voyaient plus, savait évoquer pour ses auditeurs
les déserts et les mers immenses. À l'écouter, on
se trouvait soudain transporté en d'autres lieux et
en d'autres époques. Son langage coloré donnait
vie à des milliers de personnages, sa voix cassée
savait si bien parler de la nature qu'on eût dit
qu'elle était tour à tour le vent de sable, le vent

de mer, la brise fraîche des oasis, le murmure des palmiers et le crépitement du feu.

Il faudrait tout un livre pour consigner les contes que portait sa mémoire et, parmi ceux qu'il m'a confiés devant une tasse de thé, j'ai retenu pour vous l'histoire d'Emhammed et de Rubis.

Emhammed était le fils d'un riche marchand de Fondouk. Il avait dix-huit ans lorsque son père mourut en lui laissant une fortune qu'il eut le tort de croire inépuisable. Deux années de fêtes, de banquets, de nuits un peu folles lui suffirent pour gaspiller ce que son père avait mis toute une vie à économiser. Pauvre, il se retrouva seul et comprit que ceux qui s'étaient dits ses amis ne l'avaient aimé que pour son argent. Obligé d'abandonner sa demeure à ses créanciers, il quitta la ville et prit une route sans même savoir où elle le conduisait.

Il marchait depuis quelques heures à peine lorsque, longeant une plantation de dattiers, il découvrit le corps d'une jeune fille attaché au tronc rugueux d'un arbre. Il s'approcha dans l'intention de délivrer la malheureuse, mais il comprit qu'il arrivait trop tard. Une large plaie était ouverte sur la gorge nue et la jeune fille semblait morte.

Examinant la plaie, Emhammed constata que ce n'était pas une goutte de sang qui perlait, mais un rubis. Il prit la pierre précieuse et poursuivit sa route. Au premier village, il put se restaurer, acheter un cheval et payer sa nuit à l'auberge. Il se coucha, mais malgré sa fatigue, il ne parvint pas à trouver le sommeil. L'idée que d'autres pierres pouvaient couler encore de cette plaie ouverte l'empêchait de dormir. Vers minuit, n'y tenant plus, il enfourcha son cheval et reprit le chemin de la palmeraie. Le clair de lune était tel que, de très loin, Emhammed remarqua une forme blanche qui s'agitait à côté de la jeune fille. Laissant son cheval, il avança sans bruit, se dissimulant derrière les arbres. Lorsqu'il ne fut plus qu'à quelques mètres de la captive, il entendit claquer un fouet. Une voix d'homme criait :

« Si tu n'acceptes pas de m'épouser, je te tuerai... Je te ferai mourir lentement dans d'atroces souffrances. »

Et le fouet claqua, arrachant une plainte à la jeune fille.

Révolté, Emhammed se précipite, enlève le fouet des mains du tortionnaire, et le frappe si fort que l'autre roule à terre, implorant clémence.

« Ne le tue pas, murmure la jeune fille, son sang retomberait sur nous et nous porterait malheur. »

Le garçon cesse de cogner et l'homme s'enfuit à toutes jambes.

Tandis qu'Emhammed la débarrasse de ses liens, la jeune blessée reprend force et se met à parler.

« Je m'appelle Rubis, dit-elle, et je suis la fille de Labiod Eliaquanti, le génie qui règne sur toutes les mers. J'ai commis l'imprudence de m'éloigner seule du palais de mon père, et cet homme qui m'a reconnue m'a capturée pour recueillir les rubis de mon sang. Il voulait que je l'épouse pour avoir des rubis toute sa vie. Puisque tu m'as sauvée, tu vas m'accompagner jusqu'au palais de mon père où celui-ci fera de toi le plus heureux des hommes, car il est en mesure de combler tous tes désirs. »

Ils regagnèrent l'endroit où le jeune homme avait laissé son cheval et, montant tous deux cette bête robuste et vive, ils galopèrent en direction de la mer.

Au lever du jour, ils atteignirent la grève où chantaient les vagues.

« Attends-moi ici, dit la jeune fille, je reviendrai bientôt te chercher. »

Elle plongea dans l'eau qu'irisaient les premiers rayons du soleil et disparut. Un peu inquiet, le garçon attendit, scrutant le flot. Quelques heures coulèrent, interminables, puis, alors que la lumière déjà éblouissante troublait l'horizon, il vit apparaître une troupe de cavaliers montant des chevaux blancs qui galopaient sur l'eau en soulevant des nuages de gouttelettes étincelantes.

« Laisse ici ta monture qui ne te sera plus d'aucune utilité, dit le cavalier qui commandait cette troupe, et enfourche ce cheval que te donne notre maître Labiod Eliaquanti. »

Emhammed obéit et, après quelques heures de galop sur les flots, il toucha une île rocheuse où se dressaient les tours et les murailles d'un immense château. Dans la salle d'honneur pavée d'or, Rubis l'attendait en compagnie d'un homme très grand et très fort dont les yeux avaient la couleur verte des flots profonds aux soirs d'orage.

« Je suis le père de celle que tu as sauvée, dit le génie des mers. Tu es ici chez toi. Je veux que tu y restes le temps qu'il te faudra pour me dire ce qui te donnerait la plus grande joie. Ne sois pas pressé de répondre. Tu peux me demander ou la fortune, ou la puissance, ou un royaume, ou une armée, ou la vie éternelle sur cette terre. »

Tandis que Labiod Eliaquanti parlait, Emhammed ne quittait pas des yeux la jeune fille, qui avait revêtu une longue robe de soie bleue. Elle ne portait aucun bijou et, sur son cou, il n'y avait plus trace de blessure. Elle souriait à Emhammed, et celui-ci sentit que ce sourire valait mieux que tout l'or du monde.

Ayant laissé passer le temps de la première émotion, le garçon regarda le génie des flots, et, d'une voix assurée, il dit :

« Seigneur, je ne veux ni fortune, ni puissance, ni armée, ni royaume. Quant à la vie éternelle, je sais qu'elle sera donnée après leur mort à tous ceux qui l'auront méritée durant leur séjour sur cette terre. Or, la seule chose qui m'ait réellement manqué ici-bas, c'est le courage de travailler. Ce courage, je sais qu'il me viendra si j'ai auprès de moi une compagne que j'aime et qui sache me donner le bonheur. Cette compagne, je l'ai rencontrée la nuit dernière alors que j'étais un homme désespéré. Si elle veut bien accepter mon amour, je me permettrai de te demander sa main. »

Le génie des flots se tourna vers sa fille qui s'inclina devant lui en murmurant :

« Père, en faisant son bonheur vous ferez aussi le mien. »

Il y eut au château des fêtes comme on ne saurait imaginer lorsqu'on ne connaît que le monde des humains. Puis, les noces terminées, Rubis et Emhammed furent accompagnés jusqu'à la côte algérienne par les cavaliers aux coursiers blancs.

Ils n'avaient accepté aucun présent de leur père, et n'emportaient pour viatique que leur amour partagé et leur foi en la vie.

Dès qu'ils furent seuls, la jeune femme dit à son époux :

« Tu sais, nous ne serons jamais pauvres, car il suffira que tu fasses couler mon sang pour recueillir des rubis. »

Emhammed la prit dans ses bras et la serra très fort en disant :

« Je préférerais mourir plutôt que de voir couler une seule goutte de ton sang. Sois tranquille, je saurai te rendre heureuse comme tu le mérites. »

Et le jeune homme tint parole. À force de travail, il put racheter la maison de son père, où son épouse comblée coula des jours merveilleux à voir grandir les sept filles et les sept garçons qu'ils eurent en quinze ans.

Il faut dire que, chaque année, le jour anniversaire de leur rencontre, ils se rendaient sur la grève où les attendaient les cavaliers de la mer. Car le génie des flots continuait malgré tout de veiller sur leur bonheur.

Très souvent, dans les contes, les génies de la mer montent de l'abîme pour faire la fortune de ceux qui les ont bien traités. Lancez des miettes aux cygnes et vous découvrirez un magnifique palais avec trois belles jeunes filles ; sauvez la vie d'une petite tortue et vous épouserez une princesse ; épargnez un turbot, comme dans un récit de Grimm, et vous deviendrez peut-être empereur ou pape.

Ces légendes sont toutes empreintes d'une même sagesse : il vaut mieux protéger le faible car il peut dissimuler une créature toute-puissante.

Ceux qui refusent de le faire courent de grands risques.

Les Esquimaux des régions polaires racontent à ce propos l'histoire de Nuliajuk, reine de la mer.

Aux temps où il n'y avait pas encore de créatures vivantes dans les océans, il arriva qu'une petite orpheline fut jetée à l'eau au moment où les habitants du village de Guingmertog s'apprêtaient à traverser un détroit.

La pauvre enfant essaya de s'accrocher aux kayaks, mais elle fut repoussée. Désespérée, elle s'agrippa avec plus de force. Ses bourreaux lui tranchèrent les doigts, geste qu'ils devaient regretter plus tard.

Les êtres en apparence fragiles détiennent souvent d'étranges pouvoirs. Le sang de l'héroïne du conte algérien se changeait en rubis, les doigts coupés de la petite Esquimaude se transformèrent en animaux marins, les premiers qui peuplèrent la mer.

La jeune fille descendit au fond de l'océan, et devint la mère de tous les habitants des eaux, des poissons, des pieuvres et des phoques, si chers aux Esquimaux. Elle, autrefois si pauvre, donnait maintenant leur nourriture aux hommes.

Mais ne croyez pas qu'elle oublia ce qui lui était arrivé. Elle se vengea du manque de cœur des humains. C'est elle qui, dit-on, provoque les famines. Quand elle est en colère, elle enferme tous les animaux marins dans une lampe et elle ne les libère que lorsque sa fureur est apaisée.

Les Esquimaux la nomment Nuliajuk, et vous imaginez bien qu'après l'avoir méprisée, ils sont maintenant pleins de respect pour elle. Ils ne prononcent son nom qu'avec vénération, de crainte de provoquer son courroux

Les sorcières
de Peñiscola

Espagne

Il y avait jadis, à Peñiscola, un pêcheur nommé
Henriquez dont le souvenir est resté dans toutes
les mémoires. Aujourd'hui encore, on raconte
volontiers que ce garçon détenait un pouvoir
magique et qu'il en usait pour ridiculiser les
autres pêcheurs de la côte. En effet, alors qu'il
venait d'atteindre sa trentième année, alors qu'il
avait toujours pêché ni mieux ni plus mal que ses
camarades, il se mit à prendre tant de poissons
d'espèces inconnues, qu'on en vint à le soupçon-
ner d'avoir passé un pacte avec le diable.

D'ailleurs, loin de chercher à donner un

démenti aux accusations portées contre lui, il s'entourait de mystère, ne quittant le port que par les nuits les plus noires et toujours seul pour manœuvrer sa lourde barque.

Il en fut ainsi jusqu'à la fin de sa vie. Et c'est plusieurs siècles après sa mort que, fouillant les archives, un écrivain découvrit un parchemin dont personne n'avait osé briser le cachet de cire et qui contenait son secret.

C'est vrai, Henriquez avait toujours mené l'existence commune à tous ceux de son métier lorsque, un matin, en allant prendre son bateau, il constata que le nœud de l'amarre n'était pas tel qu'il avait l'habitude de le faire.

« On s'est servi de mon bateau, se dit-il. Et ce n'est pas un marin. Jamais un homme de la mer ne ferait un nœud pareil ! »

La voile non plus n'était pas roulée convenablement, mais Henriquez n'en souffla mot à personne. Il pêcha comme si de rien n'était, regagna son logis, puis, la nuit venue, par un chemin détourné, il s'en fut se cacher dans la cale de son bateau.

Il guettait depuis une heure à peine, lorsqu'il vit monter à bord quatre vieilles femmes sous la conduite de la Ferrer, une aubergiste de mauvaise réputation. Les femmes détachèrent l'amarre, hissèrent la voile, et, aussitôt, la barque se mit à filer si vite qu'on eût dit qu'elle volait littéralement à la crête des vagues. Un peu effrayé, mais curieux de voir où pouvaient bien se rendre les vieilles femmes, le pêcheur demeura tapi dans sa cachette.

La nuit étant très obscure et le ciel couvert, Henriquez ne pouvait même pas regarder les étoiles pour s'orienter. Seul son instinct de marin lui disait que le bateau avait mis le cap à l'ouest.

Après quelques heures de course, la proue toucha une plage de sable où les femmes prirent pied. Le pêcheur les laissa s'éloigner avant de quitter la cale. Lorsqu'il put couler un regard vers la terre, ce fut pour voir un grand feu qui brûlait à quelques centaines de mètres du rivage. Sur sa lueur, se découpaient les silhouettes noires de nombreuses femmes qui exécutaient une espèce de danse très lente.

« Ce sont des sorcières, se dit Henriquez, et je suis tombé en plein sabbat. Mon Dieu, quelle histoire ! »

Comme les sorcières étaient trop occupées pour se soucier de lui, il longea la grève, essayant de découvrir une habitation ou quelque détail qui lui permît de reconnaître cette côte. Mais il ne trouva rien que du sable fin. Regagnant sa barque, Henriquez s'éloigna un peu de la rive et ses pieds foulèrent une touffe de roseaux. Il en coupa une tige qu'il emporta dans sa cachette.

Leur sabbat terminé, les vieilles reprirent place à bord, et la barque se remit à filer comme si son équipage eût possédé cette fameuse corde à virer le vent que les matelots font chercher par les mousses débutants. Vent arrière pour venir, vent arrière pour repartir – et quel vent ! – pour le marin qu'était Henriquez, il y avait de quoi réfléchir !

Bien avant l'aube, la barque abordait à Péñiscola, et les sorcières se fondaient dans les brumes montant de la mer.

Dès que l'apothicaire qui connaît les plantes eut ouvert sa boutique, le pêcheur lui porta le roseau qu'il avait coupé sur la plage.

« Où as-tu trouvé cela ? » demanda le vieillard un peu surpris.

Vous pensez bien qu'Henriquez n'allait pas lui raconter son aventure !

« C'est un marin étranger qui me l'a donné, dit-il. Mais comme il ne parlait pas l'espagnol, je n'ai pas compris d'où il venait.

— Eh bien, mon garçon, il n'y a pas de mystère, ce gaillard-là venait tout droit d'Amérique. Et je peux même te dire que son navire a dû bénéficier d'un fameux vent, car il n'y a pas très longtemps que ce roseau a été coupé. »

Et le vieil homme ajouta en riant :

« Mais tu sais, il ne t'a pas fait un bien beau cadeau, il n'y a même pas de quoi tailler une flûte. »

Revenu de son étonnement, Henriquez s'en alla trouver la Ferrer dans l'arrière-salle de son auberge. Il lui raconta sa nuit et ajouta :

« Tu sais que les sorcières sont brûlées vives. Si je parle, tu seras condamnée et exécutée.

— Et alors, grogna la vieille de sa voix qui grinçait comme une mauvaise serrure, combien veux-tu pour ton silence ?

— Je ne veux pas d'argent. Tu n'en aurais pas assez, car le secret que je porte à présent vaut une fortune. Ce que je veux, c'est un sort qui me permettra de naviguer aussi vite que toi. »

La sorcière n'avait pas le choix. Elle déplaça une pierre de son mur, retira de sa cache un petit flacon de poudre rouge et le tendit au pêcheur en disant :

« Tu en as pour toute ta vie. Car deux grains sur la voile suffisent pour une traversée de l'océan. Et que personne jamais ne te surprenne, car toi aussi tu serais considéré comme sorcier. »

Tel était le secret d'Henriquez, le pêcheur de Peñiscola qui rapportait de ses sorties nocturnes des poissons pris à des milliers de lieues de la côte espagnole.

Au cours d'un voyage en Espagne, l'écrivain Prosper Mérimée rencontra un paysan superstitieux qui lui raconta l'aventure de son cousin, pêcheur à Peñiscola. L'histoire que vous venez de lire s'inspire de l'article envoyé par Prosper Mérimée à une revue.

Vous avez probablement, vous aussi, entendu parler des sorciers et des sorcières. Ils avaient mauvaise réputation parce qu'ils s'étaient liés avec le Diable. Les gens n'éprouvaient pour eux aucune sympathie.

Le samedi, à minuit, les sorcières se réunissaient autour de Satan pour le sabbat. Le Démon venait à cette assemblée nocturne sous la forme d'un grand bouc, portant d'énormes cornes, et il dirigeait la cérémonie. À trois heures du matin, la fête cessait et les sorcières repartaient rapidement dans tous les coins du monde. Il paraît qu'elles ne pouvaient parcourir les terres au-delà de cette heure.

Les sorcières apparaissent dans de nombreuses légendes et il est bien rare qu'elles y tiennent un rôle avantageux. Le plus souvent elles sont représentées sous les traits d'effroyables mégères.

Il y a bien longtemps, à Kyoto, au Japon, une sorcière assassinait chaque jour un passant. La population vivait dans la crainte, mais personne n'osait affronter cette abominable femme, qui avait élu domicile dans une tour isolée. Pourtant un brave jeune homme, Ishido, décida de débarrasser sa ville du monstre.

À l'aube, il fit ses adieux à sa femme éplorée et à son fils. Il se dirigea vers la sinistre tour. La sorcière le vit venir. Elle ouvrit sa porte, prête à tuer l'imprudent. Le combat fut rapide. Ishido se jeta sur elle avec tant de promptitude qu'elle ne put se défendre. D'un coup d'épée il lui coupa l'avant-bras droit, mais il ne réussit pas à abattre la méchante femme qui, ainsi mutilée, se réfugia dans sa tour.

Ishido rentra chez lui avec son trophée. Quelques jours plus tard, une vieille tante vint le voir pour le féliciter et admirer ce bras.

Le visage de la visiteuse se métamorphosa dès qu'elle aperçut le membre encore sanglant. Reconnaissant la sorcière, le jeune homme se précipita pour prendre son épée, mais lorsqu'il se retourna il n'y avait plus personne dans la pièce. De sa fenêtre il vit son ennemie s'envoler dans les airs, serrant contre elle son avant-bras.

Les trois
cordes de bois

Norvège

Esben était un bon mousse très courageux et qui aimait passionnément la mer et le métier de marin. Il avait embarqué à l'âge de douze ans sur un voilier qui allait chercher jusqu'en Afrique ces marchandises précieuses que l'on ne trouve qu'au pays du grand soleil. Son capitaine l'aimait comme s'il eût été son propre fils et, souvent, il lui disait :

« À vingt ans, tu en sauras autant que moi, et à vingt-cinq, tu auras un commandement. »

Esben était heureux, et, sans la joie de revoir ses parents, il eût toujours jugé les séjours au port d'attache beaucoup trop longs.

Or, un jour, alors que le navire était prêt à lever l'ancre, le mousse s'en fut trouver son capitaine et lui fit part de son désir de débarquer.

« Quoi, fit le vieux marin, tu veux me laisser ? Mais tu n'y penses pas... Ah ! je vois, tu es tombé amoureux et c'est ta promise qui veut te retenir à terre ! »

Esben, qui n'était amoureux que de la mer et des navires, n'en rougit pas moins jusqu'aux oreilles.

« Je vous jure que ce n'est pas de cela qu'il s'agit, dit-il. Je vous le jure, capitaine.

— Alors, explique-toi. Tu veux embarquer sur un autre bateau ?

— Oh ! non, capitaine, je suis très bien avec vous.

— Alors, tu en as assez de ce métier ?

— Pas du tout, capitaine, et je ne vois pas ce que je pourrais faire d'autre qui me plaise autant.

— Tu n'as tout de même pas vu les rats quitter le navire ?

— Oh ! non, capitaine, c'est bien plus terrible encore !

— Qu'est-ce que tu me chantes là ? Des imbéciles t'auront raconté une histoire de tempête et de présage ? Allons, parle ! »

Mais le capitaine eut beau supplier, crier,

menacer, il n'obtint rien de plus. Le gamin resta muet comme une ancre mouillée par dix brasses de fond.

Pourtant, il finit par dire au maître du bord :

« Écoutez, capitaine, je ne veux pas que le bateau quitte le quai. Croyez-moi, il faut rester. Je vous en conjure, ne reprenez pas la mer ! »

Le vieux marin partit d'un grand rire.

« Rester au port, mais tu ne sais pas ce que tu dis, mon petit. Tu n'as plus toute ta raison. Allons, je crois qu'en effet il est préférable que je te remplace. »

Il allait descendre sur le port pour tenter de recruter un autre mousse, lorsque le petit Esben se jeta contre lui et s'agrippa de toutes ses forces à son caban de laine. Les larmes aux yeux et la voix étranglée, il articula :

« Non, non, capitaine. Je partirai avec vous. Mais il faut faire ce que je vais vous demander. »

Ému, le vieux loup de mer calma le garçon qui finit par dire :

« Il faut faire monter sur le pont trois cordes de bouleau. »

Le capitaine parut surpris. Un instant, il observa le mousse en se demandant si cet enfant n'avait pas perdu la tête, mais, dans le regard du petit, il y avait une lueur de sincérité et d'amitié qui le troubla. Ne voulant rien laisser paraître de son émotion, il eut un haussement d'épaules et il dit :

« Voilà bien un caprice de gamin, mais enfin, si tu y tiens, ce ne sont pas trois cordes de bois qui nous chargeront beaucoup.

— Du bois de bouleau, précisa le mousse, c'est très important, capitaine.

— Oui, oui, c'est entendu, du bouleau », fit le capitaine en s'éloignant pour donner des ordres.

Au grand étonnement des matelots, on embarqua les trois cordes de bois qui furent arrimées séparément sur le pont, puis le grand navire, toutes voiles dehors, cingla vers le large.

La première semaine de navigation s'effectua dans d'excellentes conditions. Le vent était favorable et le ciel d'un beau bleu poli comme l'émail. De temps en temps, le capitaine disait à Esben :

« Alors, moussaillon, tu n'as pas froid ? Non. En tout cas, tu as de quoi te chauffer. »

Et il riait dans sa barbe blonde.

Mais, le matin de la deuxième semaine, il cessa de rire. Alors que l'aube se levait, d'énormes nuages noirs, roulant leurs corps musclés sur l'océan assombri, envahirent le ciel. Le vent prit de la force et se mit à tourbillonner. La mer se creusa, et le navire se mit à rouler et à tanguer de façon inquiétante.

Personne jamais n'avait vu pareille tempête.

« Réduisez la voilure ! » hurla le capitaine.

Les matelots se précipitèrent et commencèrent la manœuvre tandis que le mousse se mettait à jeter par-dessus bord la première corde de bouleau.

« Mais qu'est-ce que tu fais ? cria le capitaine. Ce n'est pas ton bois qui nous fera chavirer ! »

Entre deux bourrasques, le garçon lança :

« Bien sûr que non, mais c'est lui qui nous sauvera ! »

Et, de plus en plus surpris, le vieux marin put voir qu'à mesure que les bûches touchaient le flot, le vent perdait de sa violence et les vagues s'apaisaient.

« Bah ! grogna-t-il entre ses dents, c'est une coïncidence. Si la tempête s'arrête, c'est qu'elle est à bout de souffle. »

On répara quelques voiles déchirées et une vergue brisée, puis le navire reprit sa course sous un ciel débarrassé de ses grisailles.

Deux jours plus tard, nouvelle tempête plus rageuse encore, et qui cessa de mugir dès que le mousse eut lancé à la mer la deuxième pile de bouleau.

Déjà, le capitaine commençait à se gratter la barbe en se posant des questions, mais, après la troisième tempête, lorsqu'il n'y eut plus une seule bûche sur le pont, il fit venir le mousse dans sa cabine et l'interrogea.

« Je ne peux rien vous dire, répondit le garçon, rien du tout. Mais regardez la mer, peut-être comprendrez-vous. »

Le maître de bord s'approcha du hublot et vit que l'océan était couleur de sang.

« Étrange, fit-il, mais je ne comprends pas davantage.

— Alors, conclut le mousse, vous comprendrez le jour où nous rentrerons au port. Tout ce que je peux vous dire, c'est que nous n'aurons plus à subir de tempête. »

De fait, durant huit mois, le voyage se poursuivit sans encombre, avec un vent excellent. Seulement, lorsqu'ils regagnèrent la côte de Norvège, le capitaine, le premier maître et le gabier de misaine apprirent que leurs épouses étaient mortes d'un mal mystérieux au moment où, précisément, leur navire affrontait ces terribles tempêtes.

Interrogé cent fois, le mousse garda toujours son secret, que je vais vous confier sans vous révéler de qui je le tiens.

Avant le départ du bateau, un jour qu'il était seul à bord, Esben avait vu trois corneilles se poser sur la vergue du petit hunier. Et ces trois corneilles qui avaient des voix de femmes s'étaient mises à jeter un sort au navire en disant qu'elles voulaient se débarrasser de leurs maris. À peine avaient-elles repris leur vol, qu'une mouette rieuse se perchait sur la même vergue et disait au mousse :

« Ces corneilles sont trois sorcières, l'une est la femme du capitaine, l'autre celle du premier maître et la troisième est mariée avec le gabier de misaine. Si tu m'écoutes, le sort qu'elles ont jeté au navire sera sans effet. »

Et la mouette avait expliqué au garçon ce qu'il devait faire pour apaiser la tempête. Comme Esben s'étonnait, le bel oiseau des mers avait ajouté :

« Si tu as une telle chance, c'est que le jour de ta naissance, le vent de l'intérieur a apporté dans ton berceau un trèfle à quatre feuilles. Mais c'est un secret que tu dois garder pour toi, car sinon ta chance t'abandonnerait. »

Et c'est seulement lorsqu'il eut apaisé les trois tempêtes que le mousse fut vraiment persuadé que la mouette rieuse ne s'était pas moquée de lui.

Esben, le jeune Norvégien, sauva sa propre vie et celle de son capitaine en écoutant les propos de trois corneilles et d'une mouette. De nombreux personnages de légendes, comme notre héros, possédaient ce don extraordinaire, soit de naissance, soit par l'intermédiaire d'un objet magique. L'un d'eux, un habitant de l'île grecque de Lesbos, glissait une pierre brillante dans sa bouche. Un jour, il entendit les propos d'un corbeau. L'oiseau parlait d'un trésor caché. Le jeune homme le trouva et devint très riche.

Pourtant le secours d'un objet magique n'était pas forcément nécessaire. Il suffisait parfois d'être bon envers les animaux qui, pour vous remercier, vous permettaient de comprendre leur langage. C'est ce qui arriva à un jeune Grec, Mélampos, qui devint de ce jour très célèbre.

Mélampos aimait beaucoup les animaux, et il les protégeait toujours. Il secourut ainsi et éleva deux petits serpents dont les parents avaient été tués par ses serviteurs.

Une nuit, alors que le garçon sommeillait, les reptiles rampèrent sur sa couche et lui léchèrent les oreilles. Mélampos se réveilla, effrayé, mais grande fut sa surprise lorsqu'il découvrit qu'il comprenait ce que se disaient deux oiseaux, perchés sur sa fenêtre.

Les serpents, pour remercier leur sauveur de sa

générosité, lui avaient permis de saisir le langage des oiseaux, des insectes et de nombreux animaux. La réputation de Mélampos grandit rapidement et l'on vint de très loin lui demander conseil. Mais si beaucoup l'aimaient et l'appréciaient, d'autres se mirent à le détester.

Des ennemis l'enlevèrent et l'emprisonnèrent. Dans sa cellule, le pauvre garçon entendit des vers se confier que les poutres du toit étaient entièrement rongées, et qu'elles ne tarderaient pas à s'effondrer.

Mélampos s'empressa de prévenir ses geôliers, qui le transférèrent dans une autre prison. Celle qu'il venait de quitter s'écroula peu de temps après. Les gardiens, très impressionnés, et croyant avoir affaire à un grand devin, libérèrent le captif qu'ils comblèrent de cadeaux pour gagner son amitié et sa confiance.

Les phoques

Islande

Est-ce que tu sais, me demanda un jour un vieux berger d'Islande, pour quelle raison j'ai voulu élever des moutons alors que je suis d'une famille de marins ? Non, tu n'en sais rien. Eh bien, je vais te le dire : c'est parce que j'ai peur des phoques. Mais oui, ne sois pas surpris, c'est comme ça. Les phoques, tu crois que ce sont des animaux comme les autres ; et tu te trompes, car leurs ancêtres étaient des hommes.

Parfaitement : des hommes comme toi et moi. Et les femelles étaient des femmes, naturellement. Même qu'elles étaient souvent très belles.

Comment je le sais ? Mais parce que mon père me l'a dit qui le tenait de son père, et comme ça jusqu'aux temps où tout le monde vivait nu dans des trous de rochers. Ce qui s'était passé, je n'en sais fichtre rien ! Toujours est-il que des hommes, qui avaient sans doute commis de bien vilaines actions, se sont précipités un jour dans la mer pour se noyer. Mais la mer est comme l'humanité, elle est devenue mauvaise au cours des siècles. À l'époque, elle était bonne fille et, au lieu de laisser tout ce beau monde se noyer, elle en a fait des phoques. Voilà comment est née cette espèce. Ni plus ni moins.

Mais ce que tu ne sais pas non plus, c'est que les phoques peuvent reprendre leur forme humaine une fois par an, la nuit de l'Épiphanie. Au crépuscule, ils viennent jusqu'à la côte, ils quittent leur peau comme tu enlèverais ton imperméable, ils la posent sur la plage ou l'accrochent à un rocher, et les voilà redevenus femmes ou hommes jusqu'au lever du jour.

Inutile de te dire qu'ils en profitent pour s'amuser et que, généralement, ils passent leur nuit à danser.

Or, voilà qu'une nuit, le jeune Olaf, un garçon d'un village voisin, se trouve à passer par là. Il se mêle à la troupe, et il danse durant des heures

avec une très belle jeune fille dont il tombe amoureux.

« Je veux vous épouser », lui dit-il.

Mais la fille lui explique d'où elle vient et lui annonce qu'avant l'aube elle devra revêtir sa peau de phoque et reprendre la mer pour un an. Le garçon, qui est vraiment très épris, s'éloigne comme s'il voulait regagner le village. Il fait un détour, se coule entre les rochers et s'en va dérober la peau de la jeune fille qu'il emporte chez lui pour l'enfermer dans un coffre dont il cache la clef.

À l'aube, tous les phoques reprennent la mer, sauf la jeune fille qui se met à pleurer en cherchant sa peau. Bien entendu elle ne la retrouve pas, mais elle retrouve Olaf qui lui dit :

« Tu n'as plus qu'à m'épouser, et je te jure que je saurai te rendre heureuse et te faire oublier ta vie marine. »

Que faire d'autre ? La jeune fille, qui s'appelle Helga, épouse Olaf et elle lui donne trois beaux enfants. Comme elle ne parle plus jamais ni des phoques ni même de la mer, Olaf n'imagine pas que puisse lui revenir le désir de retrouver ses anciens compagnons, et il cesse bientôt de penser au passé. Mais rien ne saurait tuer l'instinct.

Et l'appel des immenses espaces marins est terrible pour ceux qui ont couru l'océan.

Un jour, Olaf sort sans emporter la clef du coffre, et, lorsqu'il rentre, il trouve ses trois enfants que leur maman a abandonnés. Voyant le coffre vide, il comprend qu'il ne reverra jamais son épouse.

Les années passent et, un jour, les habitants de la côte organisent une grande chasse aux phoques. Ils en tuent des centaines. Et, le carnage terminé, ils se mettent à table pour un festin qui dure deux journées et deux nuits. La deuxième nuit touche à sa fin lorsque, soudain, dans l'immense salle où sont réunis les convives, apparaît un troll d'une effroyable laideur. Le silence se fait. Des femmes se sont évanouies, des enfants se cachent sous les tables et les hommes sont plus pâles que des morts.

Le troll s'avance. Il est court sur pattes, il roule ses épaules énormes et grimace en soufflant de la vapeur.

« Je vous maudis tous, dit-il. Les phoques vous noieront et vos corps seront transformés en rochers qui seront autant d'écueils pour le marin. »

Ce qui paraît le plus étrange, c'est que ce

gnome affreux a une belle voix de femme. La voix d'Helga.

Et ce qu'il a prédit se réalise. Les phoques livrent aux hommes de la côte une impitoyable bataille. Ils en noient tant et tant qu'on ne pourra jamais dénombrer les récifs qui forment comme une chaîne à quelques encablures de la côte. Quand la mer est mauvaise, on entend gémir les malheureux que les vagues viennent fouetter sans relâche.

Alors, tu comprends, des histoires pareilles, moi, ça me fait peur. La mer, je la contemple de loin, du haut de la falaise, et j'ai beaucoup plus de plaisir à garder mes moutons qu'à chasser le phoque ou à pêcher dans les brisants.

Les longues veillées d'hiver ont sans doute favorisé en Islande la naissance de multiples contes fantastiques. Les phoques apparaissent souvent dans ces légendes, comme chez les Esquimaux qui ont également la réputation de conteurs inépuisables.

Les phoques sont des animaux très précieux pour les peuples des mers froides. Dans un récit de Kipling, *Le Phoque blanc,* nous assistons à la capture d'une centaine d'entre eux, destinés à devenir « des jaquettes fourrées ». Mais pour un homme seul, il n'est pas toujours facile de prendre un phoque. Durant la longue nuit polaire, les Esquimaux parlent beaucoup de la chasse et de leurs échecs, qu'ils essaient d'expliquer. Tant d'insuccès sont-ils entièrement naturels ? Olaf et les gens de son village furent sévèrement punis du carnage qu'ils avaient organisé. Les Esquimaux ne reçoivent-ils pas, eux aussi, un châtiment pour une faute commise il y a bien longtemps ? Certains rappellent alors l'extraordinaire aventure de Nerrivik, reine de toutes les créatures sous-marines et surtout des phoques, qu'elle protège des massacres.

Cette histoire n'est pas sans rappeler celle de Nuliajuk que vous avez découverte en même temps que le conte algérien, *La Fille du génie des flots.*

Nuliajuk et Nerrivik, divinités de tribus esquimaudes différentes, jouent pourtant le même rôle et traduisent, chez les chasseurs de phoques, le souci d'expliquer leurs difficultés.

Un jour, un oiseau, un pétrel, las de sa solitude, décida d'épouser un être humain. Il se vêtit d'une peau de phoque et mit une paire de lunettes. Sûr d'être très beau, et persuadé de ressembler aux hommes, il arriva dans un village, prit une femme et la conduisit chez lui. La pauvre, qui trouvait son mari bien laid, n'avait qu'un désir : se sauver.

Une semaine ou deux après l'étrange mariage, le pétrel partit à la chasse. Ce fut justement ce jour-là que ses beaux-frères décidèrent de rendre visite à leur sœur, qu'ils emmenèrent. À son retour, l'oiseau, furieux, s'élança à la poursuite des fugitifs. Il volait rapidement et battait si fort des ailes qu'il déclencha une violente tempête. Lorsqu'ils se rendirent compte que la femme du pétrel était la cause directe de la tourmente, ses frères la jetèrent à la mer. Elle essaya de s'accrocher au bateau, mais ses bourreaux lui coupèrent les mains.

Au fond des eaux, celle qui avait été l'épouse du pétrel devint « Nerrivik », c'est-à-dire la reine du monde sous-marin. Son pouvoir est immense. Pour se venger de l'ingratitude des humains, elle peut provoquer la famine. Les hommes doivent descendre l'implorer lorsqu'ils ont faim, et il arrive qu'elle leur laisse capturer quelques-uns de ses phoques.

Le voyage
du roi Souran

Archipel indien

Je ne vous apprendrai rien en vous disant que les rois s'ennuient. Comme leur métier est de gouverner et qu'il y a toujours quelqu'un qui gouverne pour eux, ils n'ont jamais rien à faire. Alors, lorsqu'ils ont lu tous les livres, vu tous les spectacles, fait tous les voyages et appris la règle de tous les jeux, ils s'ennuient. Vous me direz, puisque quelqu'un fait leur travail, ils pourraient en chercher un autre, mais vous savez bien que personne ne voudrait embaucher un homme qui ne sait rien faire.

Le roi Souran était comme les autres, mais il

avait des idées. Et, un jour, il lui vint l'envie d'explorer le fond des mers. Naturellement, cela se passait bien avant Jules Verne et personne n'avait imaginé de descendre au fond de l'océan. Souran convoqua donc son ministre de la Marine, et il lui demanda :

« À ton avis, qu'est-ce qu'il peut bien y avoir au fond de la mer ? »

Le ministre se gratta le crâne un moment, puis, timidement, il dit :

« De l'eau. »

Le roi eut un geste de désespoir.

« Décidément, fit-il, tu es beaucoup plus bête que je ne pensais. Tu n'es plus ministre, je te nomme cantonnier. »

Le ministre posa son portefeuille et alla prendre la pioche, ce qui amusa beaucoup la population du royaume mais n'améliora pas – oh ! mais pas du tout ! – l'état des routes.

Bref, le roi fit venir le cantonnier dont le ministre avait pris la place, et il lui demanda :

« À ton avis, qu'est-ce qu'il peut bien y avoir, au fond de la mer ? »

Le cantonnier, un peu embarrassé de ses mains parce qu'il n'avait plus son manche de pelle pour s'y appuyer, réfléchit un moment, puis, hochant la tête, répondit :

« Il y a un grand mystère, c'est certain. Mais après tout, je ne vois pas pour quelle raison il n'y aurait pas un monde pareil au nôtre.

— Tu es décidément beaucoup plus intelligent que tous les membres de mon gouvernement, fit le roi, je te nomme ministre de la Marine. »

Cette décision amusa beaucoup les employés du ministère, mais leur joie fut de courte durée, car le nouveau ministre les fit travailler, ce qui ne leur était jamais arrivé.

Tout marcha beaucoup mieux dans le royaume, et le roi Souran donna l'ordre aux plus doués de ses ingénieurs de construire pour lui une caisse de verre absolument étanche dans laquelle il s'enferma et se fit jeter à la mer. Dans la caisse, il y avait des pédales qui actionnaient une roue à aubes, et un gouvernail que l'on pouvait manœuvrer comme on manœuvre celui des bateaux.

La caisse lestée s'enfonça lentement, et le roi commença son voyage.

Durant quelques jours, il se demanda si le ministre qu'il avait congédié n'avait pas raison, car il ne vit guère que de l'eau et des poissons qui venaient l'observer, un peu comme il avait souvent observé lui-même ses poissons rouges dans leur bocal. Il eut quelques ennuis avec un requin marteau qui cognait très fort contre les vitres de sa nacelle, mais le verre était solide et l'animal finit par renoncer. Enfin, après des heures et des heures de navigation, le roi atteignit l'entrée d'une immense grotte où son embarcation fut poussée par un violent courant. À l'intérieur, on voyait aussi clair que sur terre et la lumière augmenta encore d'intensité lorsque la caisse de verre se mit à monter. Elle fit bientôt surface à quelques brasses d'une plage de sable rouge où le roi aborda. Là, il fut accueilli par un homme très grand et très fort, entouré de serviteurs et de femmes. Et cet homme dit :

« Je suis le roi Agtab-al-Ard. Comme te l'indique mon nom, je suis le maître des entrailles de la terre. Je te souhaite la bienvenue. »

Souran se présenta et, aussitôt, il fut entouré par une foule curieuse qui se mit à examiner ses vêtements. Car jamais ces femmes et ces hommes habillés d'algues n'avaient vu pareil costume. Agtab-al-Ard lui-même était émerveillé et ne cessait de poser des questions sur le monde inconnu d'où venait Souran.

« Et comment vivez-vous ? Et que mangez-vous ? Et que font les enfants ? Et qu'est-ce que c'est que le soleil ? » etc.

De son côté, Souran observait le pays, posait des questions et allait de surprise en surprise. Ici, c'était le feu de la terre qui donnait chaleur et lumière, si bien qu'il n'y avait ni saisons ni journées sombres. Comme la mer est beaucoup plus tranquille dans les grands fonds qu'en surface, on ignorait la tempête. Les gens étaient calmes, ils ne connaissaient même pas le mot guerre, et le roi n'avait aucune difficulté avec ses ministres.

Très rapidement, les deux rois devinrent amis et Agtab-al-Ard fut heureux d'accorder la main de sa fille à Souran. Il y eut un festin monumental pour tous les sujets du royaume. Le poisson, les coquillages, les algues hachées comme des épinards, cuites au feu des entrailles de la terre, constituaient un menu des plus succulents.

La vie en ce domaine était si douce que Souran ne voyait pas passer le temps. Il resta là trois années et sa femme lui donna trois beaux garçons. Pourtant, Souran pensait à son royaume avec angoisse. Il se demandait ce que ses ministres pouvaient bien faire. Il imaginait des guerres, des révolutions, des épidémies, des famines, en un mot, il en vint à se faire tellement de souci qu'Agtab-al-Ard finit par lui dire :

« Tu ne peux pas vivre ainsi constamment. Et tu n'as pas le droit de délaisser tes sujets plus longtemps. Je sais bien que ma fille va pleurer, mais tu dois partir. Regagne ton palais. Dès que

tes fils seront en âge de te succéder je les enver-
rai te rejoindre, et toi, tu pourras revenir ici. »

Souran reprit place dans sa cage de verre, et il
se mit à pédaler tandis que son épouse fondait en
larmes.

De retour chez lui, il fut accueilli triomphale-
ment par tout son peuple qui était très fier de ses
exploits. Il fit rédiger le récit de son voyage et le
livre connut un grand succès et fut traduit en plusieurs langues. Naturellement, il ne disait pas,
dans son livre, que sur le plan de l'administration,
on ne s'était même pas aperçu de son absence. Il
recommença donc à ne rien faire, mais il
s'ennuyait moins, car il recevait constamment la
visite de souverains étrangers qui prétendaient
avoir lu son ouvrage mais voulaient l'entendre
raconter ses aventures.

Les années passèrent, les enfants de Souran
grandirent et, un beau matin, on les vit arriver
dans une caisse de cristal plus grande et plus belle
que celle qu'avait utilisée leur père. Souran laissa
son trône au plus beau des trois, puis, en compagnie des deux autres, il regagna les entrailles de
la terre où son épouse l'attendait.

Bien entendu, il avait emporté quelques exem-
plaires de son livre, mais ce récit n'intéressa ni

Agtab-al-Ard ni ses sujets qui connaissaient trop bien les entrailles de la terre.

« Ce que tu devrais faire, lui dit son épouse, c'est un autre livre où tu raconterais aux gens d'ici ce qui se passe dans ton pays. »

Et, à la lueur du feu qui veille au cœur du globe terrestre, Souran se mit à écrire pour parler du soleil, du vent, des arbres, des maisons, de ses ministres, des guerres, des révolutions, des querelles de palais, bref, il n'eut jamais le temps de s'ennuyer, car il avait à parler de tout ce qu'ignoraient ces gens vivant en un monde qui n'a pas grand-chose de commun avec celui des hommes.

Le fond des mers a toujours intrigué nos ancêtres. Que pouvait-il y avoir sous les eaux ? Des êtres ressemblant aux humains ? Le peuple que le roi Souran découvrit sous les océans est très proche des habitants de la terre. Ce royaume est la réplique de tout ce que nous connaissons. Mais il s'agit d'un royaume heureux, où l'on ne redoute ni les tempêtes, ni la famine, ni la guerre : une sorte de paradis.

En effet, l'océan représentait autrefois soit l'Eden, pays calme aux richesses fabuleuses, soit l'enfer. Les brusques colères des eaux évoquaient pourtant plus souvent le monde hostile des ténèbres, peuplé de monstres cruels. Un conte japonais, *Kamatori*, nous révèle l'existence d'une de ces créatures.

Kohakunyo, fille unique du seigneur Kamatori, s'apprêtait à épouser l'empereur du pays voisin. Avant le mariage, elle décida de faire des offrandes aux dieux, comme l'exigeait l'usage. Les présents, parmi lesquels se trouvait une boule de cristal renfermant une statuette de Bouddha, devaient être transportés dans un temple, situé sur une île.

Pendant le voyage, une violente tempête s'éleva, mais le navire atteignit pourtant son but. Les cadeaux furent portés au temple et, là, on s'aperçut que la boule avait disparu. Qui pouvait avoir commis un tel vol ? Seul le roi des mers était capable de ce méfait, et c'est pourquoi il avait déclenché la tourmente. Kamatori se rendit sur les lieux du désastre et réunit tous les pêcheurs des environs. Si l'un d'eux acceptait de chercher la boule et s'il la retrouvait, il recevrait une forte récompense. Tous refusèrent. Qui aurait osé braver le démon des eaux ? Une jeune femme, pauvrement vêtue, se présenta alors. Elle espérait que son fils deviendrait samouraï et avait donc besoin d'argent. Elle proposa d'affronter le roi des mers. Kamatori, devant tant de courage, promit de l'aider.

La femme plongea dans les vagues, une corde autour du corps pour être remontée. Sous les eaux, elle découvrit un palais de corail, entouré de monstres hideux. Sur la plus haute tour, la boule de cristal brillait. La jeune femme réussit à s'en emparer, mais les monstres se précipitèrent sur elle. Elle se blessa d'un coup de poignard et son sang fit fuir ses ennemis, effrayés.

Sur le rivage, les pêcheurs tirèrent la corde. Avant de mourir, la jeune femme donna la boule, et Kamatori promit d'élever son fils et d'en faire un samouraï.

Le requin
de Ta'aroa

Tahiti

Il y avait jadis, vivant près des rivages de l'île, un requin d'une grande beauté. Il s'appelait Irê, et tous les habitants de la côte le connaissaient. Il venait souvent sur la plage, où l'eau est à peine profonde de quelques pieds, et se chauffait le dos au soleil en attendant la sortie de l'école. Dès que les enfants libérés par l'instituteur arrivaient en criant, Irê se mettait à battre des nageoires pour les appeler. Alors, commençaient des jeux qui duraient jusqu'à la nuit. Irê prenait les enfants sur son dos, il fonçait vers le large, bondissait dans les vagues toutes dentelées d'écume, plongeait, remontait, imitait le roulis et le tangage des pirogues... En somme, il connaissait à merveille tous les jeux qui peuvent plaire aux petits des hommes.

On prétendait que ce requin était le fils d'un dieu des mers qui avait autrefois épousé une déesse de la terre. Personne ne savait au juste de quel dieu et de quelle déesse il s'agissait, mais on expliquait ainsi la bonté d'Irê et le fait qu'il prît tant de plaisir en compagnie d'enfants nés sur la terre ferme et souvent désireux de mieux connaître la mer.

La vie eût sans doute continué longtemps ainsi, mais les hommes ont le tort de croire trop facilement ce qu'on leur raconte. Or, un jour qu'il était à la pêche assez loin du rivage, Rahute aperçut le requin qui s'en allait tranquillement en direction de l'île. Se mettant debout dans sa pirogue, il lui fit signe de s'approcher et lui demanda :

« Voudrais-tu me rendre service ?

— Naturellement, dit le requin, je suis là pour ça.

— Figure-toi que j'avais promis à mon fils d'aller le chercher vers le milieu de la journée. Mais le poisson mord bien en ce moment, je ne voudrais pas perdre mon temps.

— C'est bon, fit Irê, ne te dérange pas, j'en ai pour cinq minutes. »

Et il fila comme une flèche jusqu'à la plage où attendait l'enfant qu'il prit dans sa gueule avec mille précautions pour le porter au pêcheur. Hélas ! à peine l'enfant était-il sur la pirogue depuis un quart d'heure, qu'une tornade se leva. Jamais on ne revit ni le pêcheur ni son fils. Seuls quelques débris de l'embarcation furent retrouvés sur la plage.

Alors, les dieux de la mer et ceux de la terre

qui ne pardonnaient pas à Irê d'avoir su, bien mieux qu'eux, gagner l'amitié des hommes, estimèrent que l'occasion était belle de lui jouer un vilain tour. Ils firent donc courir le bruit que le fils du pêcheur n'était pas mort dans la tempête, mais avait été dévoré par le requin. Comme plusieurs personnes avaient vu Irê gagner le large avec le petit dans sa gueule, on admit trop facilement que l'animal était devenu féroce et on interdit aux enfants de jouer sur la plage. Bien entendu, les enfants furent très malheureux, et ils allèrent trouver deux frères connus de tous pour leur force, leur adresse et leur courage.

L'aîné s'appelait Tahi-a-ra'i, ce qui veut dire « premier du soleil », et le plus jeune Tahi-a-nu'u, ce qui signifie « premier des multitudes ».

Les deux frères taillèrent dans du bois extrêmement solide deux lances dont ils durcirent encore la pointe au feu. Ainsi armés, ils gagnèrent la plage et attendirent le requin. Ils n'eurent pas à patienter longtemps, car le pauvre Irê, qui était triste de ne plus s'amuser avec les enfants, se figura que ces deux hommes l'appelaient pour jouer. Pourtant, Irê savait ce qu'est une lance, et il comprit tout de suite qu'on en voulait à sa vie. Profitant d'une vague plus forte que les autres, il fonça gueule ouverte sur l'aîné des deux frères.

La lance arriva, qu'il reçut dans la gueule et brisa comme vous feriez d'une brindille sèche. Mais le plus jeune aussi avait tiré, et son trait atteignit le requin tout près du cœur.

La mer devint rouge et Irê se coucha sur le flanc, perdant son sang en abondance.

Les deux garçons se mirent à crier victoire et appelèrent les gens du village pour que chacun emporte sa part de requin.

Mais les dieux de la mer et de la terre qui avaient assisté à la tuerie comprirent qu'ils étaient allés un peu loin. En privant Irê de ses jeux avec les enfants, ils avaient voulu seulement l'éloigner un peu des hommes. Ils l'avaient fait par jalousie, mais ils découvraient là que l'on doit aussi fuir les hommes par prudence.

« Ces animaux à deux pattes sont dangereux, dirent-ils. Ils sont trop prompts à se venger et se figurent toujours qu'on leur veut du mal. C'est là une fameuse leçon, mais tout de même, il n'est pas juste que ce brave Irê en fasse les frais. »

Et parce que les dieux n'ont qu'un geste à faire pour que la face du monde soit changée, ils levèrent la main et déclenchèrent un ouragan. Le ciel s'obscurcit soudain, la mer commença par frémir comme une bête en colère, puis un énorme raz de marée déferla qui repoussa les hommes jusqu'au pied des montagnes et projeta Irê très haut dans les airs.

Les nuées enveloppèrent le requin blessé, le bercèrent un moment, cicatrisant sa plaie, et lui rendirent toute sa vigueur avant de le laisser tomber dans la mer, le plus loin possible des terres.

Irê reprit goût à la vie et trouva d'autres compagnons de jeu que les petits des hommes.

Il rencontra aussi une compagne, il eut des enfants et des petits-enfants, mais jamais ses descendants ne tentèrent de partager les jeux de ceux qu'on appelle des humains.

À Tahiti, la population adorait toutes sortes de poissons et, parmi eux, les requins, considérés comme les messagers des dieux ou comme les représentants de l'esprit des marins disparus. Les requins s'attachaient à une famille, dont les membres n'avaient plus rien à craindre d'eux. Bien au contraire, s'il leur arrivait malheur en mer, ils se portaient à leur secours et les ramenaient sur leur dos. Les requins sont donc devenus, tout naturellement, les héros de nombreuses légendes. Voici l'une d'entre elles.

Trois frères avaient entendu parler d'une très belle princesse, Huri. Ils décidèrent d'aller lui rendre visite. Lorsqu'elle les vit arriver, Huri demanda à sa servante, Hina, de les accueillir, pendant qu'elle se préparait à les recevoir. La servante était ambitieuse et jalouse. Elle se fit passer pour sa maîtresse et partit à sa place sur le bateau des trois princes.

Lorsque Huri vit qu'elle avait été trahie, elle se lança, à la nage, à la poursuite des fugitifs. Un jour et une nuit s'étaient écoulés lorsqu'elle parvint à les rejoindre, malgré une forte tempête.

Dès que la princesse mit le pied sur le navire, les vents se calmèrent. Hina, la servante, s'écria qu'il s'agissait d'un démon de la mer et les jeunes gens, pris de peur, jetèrent Huri par-dessus bord. Par chance un requin recueillit la jeune fille.

Une grande fête en l'honneur de la fausse princesse attendait les quatre voyageurs à Tahiti. La servante, prise de honte devant ce spectacle, se sauva. Les trois frères devinèrent alors la vérité et partirent à la recherche de la vraie princesse. À peine furent-ils sur leur pirogue qu'une violente tempête éclata. Elle se calma lorsqu'ils parvinrent à l'endroit où ils avaient précipité Huri dans les eaux. Le requin, qui n'avait cessé de protéger la jeune fille, accepta de rendre sa nouvelle amie, contre de nombreuses offrandes.

Une autre fête fut organisée à Tahiti, pour célébrer le mariage d'Huri et du plus jeune des trois princes.

Le pêcheur
sans âge

Japon

Urashima Mizumo était un jeune pêcheur qui habitait la petite ville de Sougekana dans la province de Yorka. Voilà qui ne vous dit peut-être pas grand-chose, mais ça n'a aucune importance, car son histoire pourrait se dérouler partout où vivent des hommes, à condition, bien sûr, qu'il y ait également des tortues.

Car notre pêcheur, qui se promenait sur une plage, vit des enfants jouer avec une petite tortue. Ces garnements l'avaient sortie de l'eau, posée sur le dos, et, avec un morceau de bois pointu, ils la piquaient pour lui faire remuer les pattes et la tête. Incapable de s'enfuir, la pauvre bête devait souffrir beaucoup. Urashima Mizumo gronda les enfants et remit la tortue à l'eau. Et la tortue de mer, aussitôt dans son élément, retrouva toute sa vigueur et disparut.

Quelques mois plus tard, Urashima, qui pêchait loin du port, fut surpris par un violent coup de vent qui déchira sa voile et fit chavirer son bateau. Le pauvre garçon allait se noyer, lorsqu'une énorme tortue apparut et l'invita à prendre place sur sa carapace.

« Tu as sauvé ma fille que des enfants faisaient souffrir, dit-elle. Voici une occasion inespérée de te prouver ma reconnaissance.

— Comme tu es bonne, dit le pêcheur, de me ramener à la côte. J'étais vraiment à bout de forces. »

Si la tortue avait accédé au désir d'Urashima, cette histoire ne mériterait même pas d'être racontée, mais les tortues ont parfois beaucoup plus d'imagination que les hommes, et celle-ci proposa au naufragé de lui faire découvrir l'Élysée de l'océan.

« Mouillé pour mouillé, dit-elle, puisque tu n'as plus ni barque ni filet, viens donc voir ce que nul homme n'a jamais vu. Je t'assure que tu n'auras pas à regretter le voyage. »

Et, sans attendre la réponse, elle plongea en direction de l'une des plus vastes fosses océanes. Comme elle nageait vite, il ne lui fallut guère plus d'une heure pour atteindre un merveilleux palais de corail. Un large portail tout incrusté de perles fines s'ouvrit, et une musique infiniment troublante fit résonner les voûtes qu'éclairaient de gros poissons joufflus à la peau transparente et qui portaient en leur ventre des bougies allumées.

Urashima regarda autour de lui, et découvrit un orchestre de tortues qui soufflaient dans des conques marines de différentes formes. D'autres frappaient des pattes sur des carapaces vides, tandis que d'autres encore pinçaient de fines algues tendues entre les dents d'un requin qui se tenait immobile, la gueule grande ouverte. Il y avait un si grand nombre de virtuoses, que la pieuvre chef d'orchestre avait bien besoin de ses huit bras pour diriger son monde.

Le pêcheur n'était pas encore revenu de son étonnement, lorsqu'il sentit une main se poser sur son épaule tandis qu'une voix de femme murmurait à son oreille :

« Je n'ai pris l'apparence d'une tortue que pour nager à ton secours, mais tu vois, je suis la reine du palais. Depuis des siècles j'espère qu'un homme vraiment bon voudra m'épouser, et toi, tu es le premier homme qui ait porté secours à l'une de mes amies les tortues. »

La jeune reine était si belle, sa voix était si douce, son regard si pur et ses cheveux si blonds que le pêcheur n'eut pas un instant d'hésitation.

Il embrassa la reine et, aussitôt, l'orchestre se mit à jouer la marche nuptiale. Aucun reporter de la télévision n'assista à la cérémonie parce que la télévision n'existait pas encore, mais vous pouvez être persuadés que c'était bien autre chose que les mariages princiers qu'on nous montre aujourd'hui.

Vous imaginez aisément combien était heureux le brave pêcheur qui n'avait jamais vécu ailleurs que dans une modeste cabane. Il se trouvait si bien auprès de son épouse qu'il ne voyait pas les années s'écouler. Il faut dire que les grands fonds n'étant pas marqués par le passage des saisons, rien ne permet d'y mesurer le temps.

Un jour, Urashima demanda à son épouse :

« Combien y a-t-il de temps que je suis ici ?

— Il y a trois ans, fit-elle, tu t'ennuies donc ?

— Pas du tout, et tu m'aurais dit que j'étais là depuis trois mois, je t'aurais crue tout aussi bien. Mais ma vieille maman doit se faire du souci. J'ai bien envie d'aller l'embrasser.

— Va, lui dit la reine, mais emporte ce coffret.

Et surtout ne l'ouvre pas, car si tu l'ouvrais, je serais perdue pour toi. »

La reine reprit sa carapace de tortue et s'en alla déposer le pêcheur à quelques lieues de son village. Dès qu'elle eut disparu, Urashima regarda autour de lui, et crut tout d'abord que sa femme l'avait conduit en un pays inconnu tant les choses avaient changé. Marchant en direction de l'agglomération qui ressemblait davantage à une ville qu'au petit village où il était né, le pêcheur reconnut pourtant des maisons, des rochers, des édifices publics qui étaient bien ceux de son ancien pays.

« Tout de même, se dit-il, en trois ans, ils en ont fait, du travail ! »

Ce qui l'étonne le plus, c'est qu'il ne reconnaît personne dans un village où, pourtant, il connaissait tout le monde. Enfin, arrivé devant sa maison, il essaie d'en ouvrir la porte, mais sa clef n'entre pas dans la serrure. Il se dit que trois années au fond de la mer l'ont sans doute rouillée et il frappe à la porte en criant :

« Maman ! Ouvre ! C'est moi ! C'est Urashima, ton garçon. »

La porte s'ouvre en effet, mais c'est une inconnue qui s'avance sur le seuil et qui crie :

« Voyez-vous cet ivrogne qui cherche sa mère chez moi, veux-tu que j'appelle les gendarmes ?

— Pardonnez-moi, dit Urashima, mais ma mère habitait ici, il y a trois ans, quand je l'ai quittée.

— Trois ans ? Mais il y a plus de trente années que cette maison m'appartient. Fiche-moi la paix, buveur d'alcool ! »

La porte claque au nez du malheureux qui ne sait plus du tout ce qu'il doit penser. Il reste un long moment abasourdi, puis se met à interroger les passants qui s'étonnent tous de son costume démodé et le prennent pour un simple d'esprit. Il est vraiment au désespoir, lorsqu'il rencontre enfin une vieille femme qui lui dit :

« La maison du pêcheur Urashima Mizumo, mais la voici. Là-bas, au bout de la rue du port. Je la connais bien, j'ai toujours habité à côté. Je peux même te dire que je l'ai connu, ce garçon-là. Tiens, à l'époque où il est mort en mer, j'avais huit ans, et lui, il devait avoir une vingtaine d'années... Mais, penche-toi un peu que je regarde ton visage de plus près ! Ça alors, c'est extraordinaire, mais tu lui ressembles comme un frère. Est-ce que tu serais de sa famille ?

— Mais, je... enfin... c'est...

— Qu'est-ce que tu as, mon garçon ? Te voilà

bien ému. Tu ne peux pourtant pas l'avoir connu ! Allons, viens chez moi, un petit verre te réconfortera... Viens, je m'appelle Kiyohimé. »

À demi conscient, Urashima entra dans cette maison où il avait connu une toute petite fille nommée Kiyohimé. Lorsqu'il eut avalé un verre d'alcool très fort, il se sentit un peu mieux et il dit :

« Je suis Urashima Mizumo, et je sais bien qu'il n'y a que trois ans que j'ai quitté ce village. »

La vieille se mit à rire, puis elle commença de raconter tout ce qui s'était passé depuis le départ de son voisin. Sa mère morte de chagrin. Sa maison vendue, puis revendue. Le village métamorphosé, les naissances, les mariages, les décès...

À mesure qu'elle racontait, Urashima sentait monter en lui une terrible inquiétude. Le secret était-il dans le coffre que lui avait confié son épouse ? Oubliant les recommandations qu'elle lui avait faites, il ouvrit le coffre d'où s'échappa aussitôt un nuage violet qui lui enveloppa le visage. Lorsque le nuage se fut dissipé et que le pêcheur eut fini de tousser, il voulut se lever, mais une douleur aiguë lui enserra les reins. Cassé en avant, s'appuyant au mur, il parvint à marcher jusqu'au miroir qui lui renvoya l'image d'un vieillard chauve et ridé.

À peine étonnée, Kiyohimé leva sa lampe vers lui et observa :

« Vraiment, j'ai la vue qui baisse de plus en plus. Dehors, je t'avais vu jeune. Mais c'est bien vrai. Tu es bien Urashima... Et je crois même que tu parais encore plus que ton âge. »

Le vieillard ne dit rien. Lentement, sur ses jambes qui tremblaient, il sortit et reprit la direction du rivage. Sur la plage, il fit un détour pour éviter des enfants qui s'amusaient à martyriser une pauvre tortue de mer. Il demeura immobile jusqu'au crépuscule, fixant le large où les nuées mêlaient leurs grisailles à la grisaille des flots. Puis, lorsque les dernières lueurs du jour se furent éteintes, Urashima se traîna péniblement jusqu'à une petite grotte creusée dans la falaise, et là, allongé sur le sable, il attendit calmement l'heure de la marée montante, en récitant la prière des agonisants.

À l'époque où Urashima Mizumo vivait, on ne tuait pas les tortues au Japon. Au contraire, on considérait que, sujets du dieu des mers, elles pouvaient vivre dix mille ans, et personne n'aurait eu l'idée de les malmener.

De même, à Madagascar, tout ce qui appartient à la mer a un caractère sacré. Ainsi certaines personnes ne consomment jamais de sel et mangent uniquement du poisson d'eau douce. Pour les tortues, c'est la même chose. Les Malgaches ne les touchent même pas, et si vous en rencontrez une au début d'un voyage, on vous affirmera là-bas qu'il s'agit d'un heureux présage.

Bien sûr, dans cette grande île, il existe aussi des tortues de terre. Mais Dieu les a conçues, à l'origine, pour l'eau salée, et les hommes ne doivent manger que des animaux vivant sur la terre. D'ailleurs, si l'une d'elles n'avait pas été un peu trop curieuse, peut-être n'aurions-nous jamais entrevu ces lentes et lourdes créatures sur le sol, ainsi que nous le conte une fable malgache.

Une tortue, qui avait toujours vécu dans l'océan, désira connaître la terre et ses habitants. Un oiseau lui proposa de lui servir de guide, et ils se dirigèrent ensemble vers l'intérieur.

Au bout d'un certain temps, le pauvre animal des mers se mit à se lamenter. C'était bien pénible de se déplacer sur de si petites pattes et de porter cette épaisse carapace. La tortue commença de faire des reproches à son ami. Une dispute éclata entre les deux voyageurs. L'oiseau, en colère, abandonna sa compagne sur le chemin du retour.

Depuis ce jour, la tortue de mer est devenue tortue de terre. Elle erre, avec ses enfants, sans pouvoir retrouver la route qui mène au rivage, ni son guide, avec lequel elle aimerait, sans doute, se réconcilier.

Glaucus et Scylla

Grèce

Cette histoire-là fait partie des grands mythes. Elle a été si souvent racontée, que c'est à peine si j'ose m'y risquer encore, mais quoi ! Il faut bien aussi que les personnages légendaires les plus célèbres soient représentés ici. Et la mer en compte beaucoup.

Glaucus, qui était né à Anthédon, s'était installé au bord de la mer pour y exercer le métier de pêcheur. Il mena la vie commune à tous les pêcheurs, jusqu'au jour où il lui arriva une étrange aventure. Ayant tiré sa barque sur la plage, il déchargea un panier plein de beaux poissons qu'il déposa sur le sol pour les vendre. Pêchés de la nuit, bien entendu, les poissons étaient morts depuis des heures. Or, à peine Glaucus avait-il fini de les ranger par ordre de grandeur, qu'ils se mirent tous à frétiller, à sauter, à se tordre si bien qu'ils eurent tous regagné la mer avant que le pêcheur puisse intervenir.

« Ça alors, se dit-il. Voilà qui n'est pas ordinaire ! »

Il réfléchit un moment, puis, persuadé que l'herbe du rivage avait le pouvoir de donner la vie et la force, il en mangea une poignée. Les femmes venues acheter du poisson et qui le virent alors furent effrayées. En effet, dès qu'il eut absorbé l'herbe, Glaucus se coucha par terre et se mit à

frétiller, à se tortiller, à faire des bonds vers la mer. Et, tandis qu'il se livrait à ces exercices surprenants, son corps se métamorphosait. Ses deux jambes soudées l'une à l'autre devenaient une queue de poisson, son torse se couvrait d'écailles, ses mains se muaient en nageoires, ses cheveux et sa barbe prenaient la couleur et la consistance des algues. Les femmes n'étaient pas revenues de leur étonnement, que déjà Glaucus avait disparu, emporté par le reflux des vagues.

Glaucus nagea longtemps, jusqu'aux rochers qui bordent l'île de Délos où il s'installa dans une grotte sous-marine.

Vous l'avez deviné : les dieux de la mer l'avaient appelé parmi eux. Dès lors, il connut une existence pleine d'aventures dont la plus terrible fut sans doute sa rencontre avec Scylla, l'une des plus belles nymphes de l'Olympe.

Un matin de printemps où le ciel était pur et la mer infiniment calme, Glaucus aperçut Scylla qui se baignait dans une crique où les vagues avaient déposé du sable aussi blond que ses cheveux et aussi soyeux que sa peau. Dès qu'il la vit, Glaucus en fut amoureux. Il s'approcha pour lui demander de l'épouser, mais il était si laid avec ses cheveux verts et son corps couvert d'écailles que la nymphe prit peur et s'enfuit vers l'intérieur de l'île. Incapable de la poursuivre, il se mit à implorer :

« Viens. Ne me fuis pas. Je ne veux que ton bonheur. Je t'aime. Je saurai te rendre heureuse ! »

Mais sa voix rauque avait quelque chose du rugissement d'un monstre, et plus il criait, plus la nymphe effrayée bondissait de rocher en rocher.

Persuadé qu'il ne parviendrait jamais à la séduire, Glaucus s'en fut trouver Circé qui était la plus célèbre des magiciennes. Fille du Soleil, Circé avait empoisonné son époux, le roi des Sarmates. Poursuivie par les sujets du roi défunt, elle s'était enfuie en emportant des trésors considérables. Réfugiée sur les côtes de Sicile, elle avait fait bâtir dans la petite île d'Aea un palais fabuleux gardé par des fauves qu'elle avait apprivoisés à l'aide de breuvages magiques. Tout le monde la craignait, car on savait qu'elle détenait des secrets terrifiants.

Sans doute parce qu'elle ne ressemblait à aucune autre femme, ni au physique ni au moral, la laideur de Glaucus lui plut beaucoup. Elle lui proposa aussitôt de faire de lui le plus riche et le plus puissant des dieux, mais Glaucus répondit :

« Tu es très aimable. Mais malheureusement pour toi, je suis amoureux de Scylla, et je viens précisément te demander de m'aider à la séduire. »

L'enchanteresse parut tout d'abord très fâchée, puis, après un moment de réflexion, elle dit :

« C'est entendu, puisque tu y tiens, je vais te donner un philtre d'amour, et je puis t'assurer qu'elle n'y résistera pas. »

Elle fit allumer un feu sur lequel elle plaça un chaudron en or. Dans ce chaudron, elle mit à bouillir des entrailles d'albatros, des yeux de rat musqué, de la cendre d'os de buffle, une pincée de poivre rouge, une rose blanche et trois petits cailloux luisants. Lorsque la décoction fut prête, elle la goûta, eut l'air de la trouver excellente, la versa dans un bocal qu'elle remit à Glaucus en lui disant :

« Tu videras le contenu du bocal dans l'eau de la crique où ta belle vient se baigner, puis tu te cacheras derrière un rocher et tu attendras. »

Glaucus s'en alla tout heureux et, ayant versé le philtre dans la mer, il se mit à guetter. Son attente fut de courte durée, car Scylla, plus belle que jamais, apparut dès le premier rayon du jour. Elle rejeta ses longs cheveux derrière son dos, fit glisser sa tunique le long de son corps, puis, d'un bond gracieux, elle plongea.

Alors Glaucus assista à un spectacle qui le glaça

d'épouvante. Ce fut comme si toute l'eau de la crique entrait soudain en ébullition. L'éruption soudaine d'un volcan sous-marin n'eût pas provoqué davantage de remous. Le beau bleu transparent des flots fit place à un gris boueux, d'énormes bulles crevèrent la surface, des vagues de plus de trois mètres se formèrent pour se heurter l'une l'autre avant d'aller fouetter les rochers et la plage dans un jaillissement d'écume jaunâtre. Après quelques minutes de cette tempête inexplicable, un monstre parut à la surface et se mit à pousser des hurlements terrifiants. Le monstre prit pied sur le sable et Glaucus put le détailler un peu mieux. Il avançait lourdement sur douze pattes velues et armées de griffes acérées. De son corps difforme partaient six cous très longs qui portaient six têtes aux yeux rouge sang. Les six gueules ouvertes laissaient voir une triple rangée de dents pareilles à celles des loups. Les hurlements continuaient, rappelant la voix des plus fortes tempêtes. Ils devinrent plaintifs et douloureux lorsque le monstre, se penchant vers la tunique blanche restée sur le sable, la déchira de ses griffes et de ses crocs.

Songeant à tout le mal qu'on lui avait dit de Circé, Glaucus comprit qu'elle s'était vengée de lui en métamorphosant celle qu'il aimait.

Désespéré et impuissant, il suivit le monstre qui venait de se remettre à l'eau et nageait en direction de la Sicile. Il crut un moment que la bête hideuse allait châtier Circé, mais non, personne ne pouvait rien contre la magicienne. Arrivé à l'entrée du détroit, en face du gouffre de Charybde, le monstre s'immobilisa, et les vagues, sans rien lui enlever de sa laideur, le pétrifièrent.

Il est encore là aujourd'hui, sous la forme d'un écueil redouté des marins et qui pousse de terribles rugissements dès que la mer entre en furie. On dit même que ses longs bras se détendent et que l'un d'eux empoigna d'un coup six matelots quand les vaisseaux d'Ulysse franchirent le détroit.

Mais jamais Glaucus ni Scylla ne parvinrent à se venger de Circé.

Sous le nom de nymphes, les Grecs groupaient toutes les divinités féminines qui peuplaient les mers, les bois, les arbres, les montagnes. Comme elles étaient filles de Zeus, les anciens leur attribuaient de grands dons. Elles pouvaient, par exemple, protéger les fiancés et guérir les malades.

Dans la mythologie grecque, on compte des milliers de nymphes, dont les Naïades, qui avaient élu domicile dans les fleuves, et les Néréides, qui vivaient dans les mers. Certaines sont devenues célèbres, comme Scylla, grâce à l'auteur latin Ovide.

Que Scylla ait fui l'amour d'un dieu n'a rien de surprenant. Lorsque les nymphes cédaient à une divinité, elles se voyaient forcées soit de tuer leur enfant, soit de mourir elles-mêmes. Pour éviter un sort aussi cruel, quelques-unes renonçaient à leur forme humaine. Ce fut le cas d'une Néréide, Aréthuse, qui fut transformée en fontaine pour échapper aux avances du dieu-fleuve Alphée. Daphné, une autre nymphe, dont le nom signifie « laurier », connut à peu près la même destinée. C'est encore Ovide qui nous rapporte cette histoire.

Daphné, fille du fleuve Pénée, refusait le mariage avec un mortel et à plus forte raison avec un dieu. Elle aimait la liberté. Pour elle, l'amour ne pouvait être qu'un piège. Pourtant, le dieu Apollon, l'ayant aperçue un jour, s'éprit aussitôt d'elle et s'élança à sa poursuite.

La jeune Naïade fuyait. Elle excellait à la course, et Apollon éprouva quelques difficultés à la suivre. Cependant il réussit à se rapprocher d'elle. Daphné, effrayée, mais prête à lutter jusqu'au bout, précipita sa fuite, lorsqu'elle vit devant elle le fleuve de son père. Elle cria : « Père, aide-moi, sauve-moi ! »

Aussitôt, une torpeur la saisit, ses pieds s'enracinaient dans le sol. Une écorce l'enveloppait peu à peu, des feuilles jaillissaient. Daphné était changée en laurier.

Et c'est ainsi que le laurier devint l'arbre préféré d'Apollon.

La reine
de la Baltique

Lituanie

Je ne sais pas si vous êtes déjà entrés dans une maison de pêcheurs sur les rives de la mer Baltique, mais, pour ma part, je n'ai jamais vu logis aussi plein de mystère, de poésie et de chaleur. Les pièces sont petites, les murs recouverts de boiseries et de carreaux de faïence, et le jour gris pénètre par d'étroites fenêtres à petits carreaux donnant sur le large. C'est dans une de ces maisons, devant un haut poêle émaillé où le feu de rondins grognait doucement, que j'ai écouté un vieux marin me raconter l'histoire de la belle Jurata.

Jurata, qui régnait sur les océans, habitait un palais sous-marin où s'entassaient des trésors. D'innombrables serviteurs l'entouraient qui veillaient à la fois sur son confort et sur la sécurité de ses sujets. Or, un jour, un vieux crabe vint la trouver et lui dit :

« Tu sais, depuis que j'ai l'âge de la retraite et que mes enfants assurent ma subsistance, j'ai pris l'habitude d'aller chaque après-midi faire la sieste dans un creux de rocher, tout près de la côte. Je suis vieux, mais j'ai encore l'oreille fine, et j'ai entendu des pêcheurs qui parlaient d'un filet tout à fait nouveau auquel nul poisson ne saurait

échapper. Il paraît que c'est un jeune pêcheur, nommé Kastytis et habitant au bord de la rivière Sventojia, qui achève de mettre au point cet engin de mort. »

La reine, qui possédait une belle écurie de courses, fit venir aussitôt les trente-trois brochets les plus rapides et leur ordonna d'aller chercher les trente-trois naïades les plus belles du monde. Les coursiers filèrent comme des flèches, et, de l'océan Indien, de l'Atlantique, du Pacifique, de l'Arctique, de la mer du Nord, de la Méditerranée, des mers de Chine et du Japon, enfin, de tous les points du globe, arrivèrent les naïades les plus célèbres. Jurata les réunit en conseil autour d'une table de corail, et toutes votèrent la prison à perpétuité pour le pêcheur Kastytis.

On fit préparer une caverne sous-marine où il finirait ses jours sans jamais revoir personne, sous la garde d'une pieuvre géante qui n'avait pas la réputation de plaisanter avec le service.

Restait donc à capturer l'inventeur, et la reine pensa que si toutes les nymphes chantaient en chœur avec elle, il subirait leur charme et accepterait de se mettre à l'eau pour les suivre.

La troupe partit donc et toutes ces belles personnes assises au bord de la plage se mirent à chanter. Kastytis, qui était devant sa cabane et travaillait à son invention, leva la tête et regarda les nymphes. Il dut se pincer le bras pour s'assurer qu'il ne rêvait pas. Jamais il n'avait contemplé pareille assemblée. Des brunes, des blondes, des rousses, les unes à la peau blanche, d'autres à la peau noire, ou jaune, ou ocre, mais toutes d'une grande beauté. Cependant, la plus resplendissante était Jurata, avec ses grands yeux verts et sa longue chevelure d'or où étincelaient des diamants gros comme des étoiles.

Lorsque le chant s'acheva, lentement, Jurata se leva et marcha seule vers le pêcheur. Ayant toujours vécu sous la mer, elle n'avait jamais vu un garçon aussi beau que Kastytis. Elle le contempla longuement, puis, se tournant vers ses compagnes, elle leur dit :

« On n'emprisonne pas la beauté, regagnez vos demeures, je reste ici, et je me charge de faire entendre raison à cet homme. »

Les naïades n'osèrent pas protester, mais un peu jalouses de la reine et furieuses qu'on les ait dérangées pour rien, en s'en allant elles passèrent au palais et racontèrent au père de Jurata que sa fille avait pactisé avec l'ennemi.

Naturellement, le vieux roi Perkunas, qui avait passé ses pouvoirs à sa fille parce qu'il lui accordait toute sa confiance, entra dans une terrible colère. Il cria si fort que tous les habitants des rives de la Baltique crurent qu'un ouragan se préparait. Rassemblant le peuple sous-marin, il lui ordonna :

« Allez, envahissez la terre. Capturez ma fille et son séducteur, et ramenez-les morts ou vifs. »

Une immense armée de crustacés, de coquillages et de poissons se mit en marche sous les ordres d'une énorme baleine et gagna l'estuaire de la Sventojia. Seulement, la baleine qui allait en tête suffit à l'obstruer sur toute sa largeur. Tout cela causa une indescriptible pagaille, et les troupes durent refluer tandis que leur général gémissait :

« Tirez-moi en arrière, je suis coincée. Venez à mon aide. »

Les crabes durent ronger les rives pour dégager leur chef, et je vous prie de croire que ce ne fut pas un petit travail.

Apprenant ce qui s'était passé, Perkunas devint violet de rage.

« Tu m'as couvert de ridicule, cria-t-il au chef de ses armées. Dommage que je n'aie pas de prison assez large pour toi, sinon tu finirais tes jours dans un cachot. Hors de ma vue ! Je ne veux plus te voir dans la Baltique. »

Le général parti, le roi se calma et finit par

admettre qu'il était lui aussi un peu responsable. On n'envoie pas des poissons à l'assaut d'une terre.

« C'est bien, conclut-il, je vais employer les grands moyens. »

Et il déchaîna sur la Baltique une tempête comme on n'en verra plus jamais. Le palais de Jurata fut détruit, mais c'était sans importance, car la jeune reine n'avait aucune envie de quitter Kastytis. Elle avait compris que la vie dans une modeste cabane de pêcheur en compagnie de l'être aimé vaut mieux que la plus riche des existences solitaires. En somme, elle avait découvert que la vraie richesse n'est ni dans la gloire, ni dans la puissance, ni dans la fortune, mais bien dans la joie d'aimer.

Hélas ! la haine de son père était plus forte que tout. Car la cabane aussi fut emportée par le flot rageur, et les deux amants moururent écrasés sous les décombres comme des milliers d'innocents qui, pourtant, n'avaient point mérité la colère du Roi des Océans.

Nos ancêtres ont souvent peuplé le fond des mers de divinités, telle Jurata, la reine de la Baltique. Parmi ces êtres des eaux, il faut citer les Néréides grecques. Ces nymphes habitaient la Méditerranée, dans un palais lumineux, où elles divertissaient leur père, Nérée, par leurs chants et leurs danses. Elles apparaissaient parfois à la surface de l'eau, chevauchant des tritons ou des chevaux marins. Mi-femmes, mi-poissons, certaines furent célèbres.

L'une d'elles, plus heureuse que Jurata, épousa un mortel. Tous les dieux de l'Olympe assistèrent aux noces de la nymphe Thétis et de Pélée. C'est cette même Thétis qui mit au monde le grand Achille.

À Tahiti, on parle aussi du mariage d'une Naïade et d'un être humain.

Hina n'était pas une femme très riche, mais elle aurait voulu faire le bonheur de son fils préféré, Hema. Un jour, elle pria le garçon de se rendre de bonne heure sur la rive et de creuser un trou où il se cacherait. Une femme merveilleuse viendrait alors se baigner. Hema devrait la saisir par les cheveux et la porter au-delà des quatre premières maisons du village avant de lui laisser toucher terre. S'il réussissait, la déesse l'épouserait.

À la pointe du jour, Hema se dirigea vers la rivière. Il vit arriver la nymphe qui plongea et revint peu après sur le rivage pour sécher son abondante chevelure. Le jeune homme se précipita, empoigna les cheveux de la jeune femme, et l'emporta.

La déesse se débattait et suppliait son ravisseur de la libérer. Hema, pensant qu'elle marcherait à son côté, accepta, mais ils n'avaient pas encore atteint la deuxième maison, et la Naïade s'échappa.

Le lendemain, Hema retourna à la rivière. Ce jour-là, il fut beaucoup moins naïf. Lorsque celle qu'il aimait déjà apparut, il l'emmena jusque chez lui, sans s'arrêter. Huri, c'était le nom de la nymphe, décida d'épouser le fils d'Hina. Ils eurent deux enfants très beaux et tous furent parfaitement heureux.

Le secret
des marées

Îles anglo-normandes

Les savants expliquent le mouvement des marées par la combinaison de la rotation du globe terrestre et des attractions lunaire et solaire. Je ne me risquerai pas à les contredire, et, si vous êtes curieux d'en savoir davantage sur ce sujet, demandez donc quelques explications à votre professeur de géographie. Cependant, laissez-moi vous rapporter ce que m'a confié une vieille femme de l'île de Guernesey. Après tout, les explications scientifiques sont une chose, et la mémoire des hommes qui plonge dans le passé de leurs ancêtres en est une autre. Entre la science et la poésie, il faut parfois savoir établir un équilibre que je vous laisse le soin de trouver.

Cette vieille îlienne me raconta donc l'histoire d'un prieur de Lihon qui s'occupait beaucoup plus de magie que de son ministère. Tout le monde se méfiait de lui, car certains affirmaient qu'il se livrait à d'étranges pratiques. Les uns l'avaient vu en conversation avec plusieurs diables cornus, les autres l'avaient surpris à jeter dans le feu des livres qui se mettaient à sauter comme des grenouilles dès que les flammes commençaient à les lécher. Ce qui laisse incrédule sur ces témoignages, c'est que personne n'a jamais vu un seul livre sortir d'un foyer, et que la description des démons est bien proche de celle qu'on pourrait donner du bouc le plus banal.

Cependant, ce qui est absolument certain, c'est que le prieur possédait le *Grand Mêle,* qui est le livre le plus dangereux qu'on connaisse. Il renferme tous les secrets de tous les maléfices et de toutes les sorcelleries. C'est vous dire à quel point il faut le redouter. Ne me demandez pas à quoi il ressemble, je ne l'ai jamais vu et je n'ai aucune envie de le voir, ni de près ni de loin. Toujours est-il que ce prieur cachait soigneusement l'ouvrage, et qu'il le consultait dans le plus grand secret.

Il faut vous dire que ce prieur habitait un îlot

rocheux qui n'est relié à l'île principale par la terre ferme que durant la marée basse. Or, un jour qu'il revenait à pied de Guernesey, le prieur fut surpris de constater que la mer montait alors qu'il était l'heure de la plus basse marée.

Il se mit à courir, mais le flot était si rapide qu'il comprit tout de suite que quelque chose de surnaturel se passait. À bout de souffle, il dut s'arrêter et grimper sur un rocher. C'est alors que, regardant vers le rivage, il vit son serviteur assis sur un tas de goémon desséché et qui lisait le *Grand Mêle.*

Le prieur était assez averti des choses maléfiques pour comprendre aussitôt de quoi il allait être victime.

« Héo ! cria-t-il. Mais te voilà devenu fou ! Tu ne vois donc pas que je vais être noyé ? »

Le serviteur, qui n'attendait pas son maître à pareille heure, se troubla, referma le livre et se leva précipitamment.

« Non ! hurla le prieur. Ne fais pas une chose pareille. Reste calme et fais ce que je vais te dire. Retrouve vite la page que tu lisais... Vite, vite...

— Mais, je ne sais plus quelle page c'était..., bredouilla le malheureux. Je ne sais plus. »

Et, tremblant comme une feuille, il se remit à parcourir l'ouvrage.

« C'est à l'endroit où il y a une gravure qui représente une énorme vague en forme de diable. Cherche vite. C'est aux deux tiers de l'ouvrage.

— Vous ne savez pas le numéro de la page ?

— Bien sûr que non. Je connais ce livre par cœur, mais je n'ai jamais appris les numéros des pages ! Allons, hâte-toi. Sinon je vais mourir. »

Les vagues se brisèrent avec fracas contre le roc glissant où le malheureux, déjà trempé par les embruns, se cramponnait.

« Ça y est, cria le serviteur. J'ai trouvé. Mais que faut-il faire ?

— Reprends où tu en étais, mais lis à rebours.

— Qu'est-ce que vous dites ? Il faut que je continue de lire ? »

Le vacarme des lames était tel que les voix s'y perdaient.

« Mais non, imbécile. Si tu fais ça, je suis perdu. Il faut lire en commençant par la fin et en revenant vers le début. »

Je ne sais pas si vous avez déjà essayé de lire un texte à rebours, mais je vous engage à le faire, et vous comprendrez que le pauvre serviteur se soit affolé.

Il commença pourtant d'ânonner des mots sans suite, mais il se trompait, revenait en arrière, puis en avant, oubliait un mot, une virgule, ajoutait sans

le vouloir de la ponctuation, si bien que, au lieu de se retirer, la mer entra dans la plus grande furie.

Jamais on n'avait vu marée aussi rapide accompagnée d'une telle tempête.

Alors, pris de panique, poursuivi par les vagues qui se ruaient à l'assaut de l'île, le serviteur s'éloigna du rivage. Une fois à l'abri de la digue, plus calmement, il se remit à lire à rebours. Alors, la mer s'apaisa et le flot se retira lentement. Mais il était trop tard. On ne retrouva jamais le prêtre sacrilège, et le serviteur effrayé par l'étrange pouvoir du *Grand Mêle* essaya de le détruire, mais il paraît que la mer rejeta l'ouvrage comme on crache un poison et que nul foyer n'accepta jamais de le réduire en cendres.

En tout cas, si vous le trouvez un jour, je vous conseille de ne pas l'ouvrir, car il a bien d'autres pouvoirs que celui de faire monter la marée. Et, lorsqu'on ne connaît pas vraiment le secret de ces choses, mieux vaut les laisser reposer en paix sous la poussière du temps.

Connaître les secrets du diable, cela peut vous permettre de déjouer ses manœuvres, mais c'est aussi très dangereux. Le prieur de Lihon ne me contredirait pas !

Il semble qu'autrefois il existait beaucoup de livres de magie. Ils avaient d'ailleurs un point commun ; quand on essayait de les brûler, ils sautaient dans le feu, comme s'ils voulaient en sortir. L'un d'eux s'appelait *Le Petit Albert* mais, croyez-moi, il valait mieux ne pas le consulter. Les gens qui s'aventuraient à le lire pouvaient disparaître purement et simplement, sans qu'on sache ce qu'ils étaient devenus.

Dans nos campagnes, les villageois parlent encore de Satan, et vous connaissez sans doute de nombreuses légendes à son sujet. Vous avez peut-être même entendu dire que des individus signaient des pactes avec lui. Pourtant vous n'imaginez pas à quel point le démon était puissant. Que des hommes aient accepté de le servir est finalement très possible, mais qu'il ait pu troubler l'ordre naturel des choses, voilà qui semble beaucoup plus extraordinaire. Il osa modifier l'heure des marées, et un jour il aida un cours d'eau à rejoindre la mer. Si les Corses se méfient tant du fleuve Liamone, c'est parce qu'il passa autrefois un sinistre accord avec le maître des ténèbres.

Cette histoire est très ancienne. La Corse venait

juste de surgir des eaux. Les génies, qui avaient donné leur forme aux montagnes, s'en allèrent. La Nature, leur mère, se trouva seule au milieu de la Méditerranée et se mit à pleurer. Ses larmes, ruisselant sur les pentes du mont Retto, formèrent trois fleuves : le Golo, le Tavignano et le Liamone.

Les trois frères décidèrent d'aller voir la mer, et comme ils savaient qu'ils ne se rencontreraient jamais plus, ils se dirent adieu, chacun désirant atteindre le premier le but fixé.

Golo et Tavignano se dirigèrent donc aussi vite qu'ils le purent vers la côte. Liamone, arrêté par de nombreux obstacles, désespérait de parvenir avant les autres. Il aperçut alors un génie ailé qui lui dit : « Je suis le diable et, si tu me donnes chaque année une âme humaine, je t'aiderai. » Liamone accepta sans scrupule, persuadé de ne pas être vaincu par ses rivaux. Il bondissait à travers les brèches ouvertes par Satan, poussé par l'envie de gagner le pari, et il se jeta bientôt dans la mer.

Depuis lors, bien des siècles après, le Liamone n'a jamais oublié de payer son tribut annuel.

Le génie
du mont Tan Vien

Viêt-Nam

Il y avait autrefois, au pied du mont Tan Vien, un jeune bûcheron nommé Min, qui vivait seul dans une hutte de branchages. Chaque matin, il montait dans la forêt, abattait des arbres, les débitait en rondins qu'il faisait rouler jusqu'à la rivière. Là, des marchands venaient acheter le bois qu'ils embarquaient sur de longues jonques pour l'emmener vers la mer.

Min, qui ne connaissait que la forêt, pensait parfois à la mer et aux navires que l'on fabriquait avec son bois, mais il savait que sa vie était là, parce que les bûcherons sont faits pour la forêt, et il ne nourrissait nul espoir de descendre jamais jusqu'à la côte.

Un jour, il abattit un arbre dont le tronc était si énorme et si noueux, qu'il lui fallut toute la journée pour en venir à bout. Le soleil était déjà couché lorsque l'arbre tomba enfin dans un grand fracas de broussailles écrasées. Min prit sa hache et regagna sa demeure, se promettant de débiter l'arbre dès le lendemain matin. Seulement, lorsqu'il revint après une bonne nuit de repos, le gros arbre était debout et ne portait aucune trace de coups de hache. Seules les broussailles écrasées prouvaient que Min ne se trompait pas d'arbre et qu'il n'avait pas rêvé.

Intrigué, le jeune bûcheron, qui ne manquait pas de courage, se remit à la besogne et passa une nouvelle journée à cogner. Au crépuscule, l'arbre tombait et Min, après avoir fait une centaine de pas en direction de sa hutte, s'engagea sous le couvert et revint sans bruit se cacher pour observer. Il n'était pas embusqué sous les fourrés depuis une heure, qu'arrivait un vieillard inconnu. Le vieillard caressa le tronc couché, et, aussitôt, l'arbre se releva et reprit sa place. Furieux, Min jaillit de sa cachette en criant :

« Dis donc, vieux fou, qui donc t'a payé pour

défaire ma besogne ? Crois-tu qu'il est agréable d'abattre plusieurs fois le même arbre ? »

D'une belle voix douce et profonde, le vieux expliqua :

« Je suis le génie de la montagne, et cet arbre est depuis toujours mon ami. Il est beaucoup plus âgé que tu ne penses puisqu'il est né avec la terre. Il est mon lieu de repos. Je sais que ton métier t'oblige à couper les arbres, mais je te demande d'épargner celui-ci. Et si tu acceptes, je te ferai don d'une baguette magique qui te permettra de guérir tes semblables. »

Min accepta, laissa le vieillard et son arbre, et s'en fut au village le plus proche où il put sans attendre expérimenter sa baguette sur quatre malades qui lui donnèrent davantage d'argent qu'il n'en eût gagné en coupant du bois durant un mois. Il comprit que le génie avait voulu l'éloigner de sa forêt, mais il se dit qu'il n'avait pas fait un mauvais marché. Il était moins pénible de manier la baguette que la cognée. Min pensa de nouveau à la mer qu'il n'avait jamais vue, et il se mit à suivre le cours du fleuve jusqu'à son embouchure. Dans chaque village traversé, il guérissait quelques malades et gagnait de quoi vivre fort aisément.

Lorsqu'il arriva au bord de la mer, il vit des

enfants armés de bâtons qui s'acharnaient sur un grand reptile déjà bien mal en point. Min chassa les enfants et, d'un coup de sa baguette, il guérit le serpent.

« Tu es arrivé à point, fit le reptile qui avait de beaux yeux noirs, sinon, j'étais perdu.

— Quelle idée, aussi, quand on est un animal des mers, de venir se promener sur la plage ?

— Ne me gronde pas, soupira le serpent. Je sais. Mon père me l'a toujours défendu, mais j'ai voulu voir comment sont faits les hommes. C'est une leçon que je n'oublierai pas, tu peux en être persuadé.

— Tu as eu de la chance de tomber sur des enfants. Un homme t'aurait certainement tué du premier coup.

— Écoute, dit le serpent, je suis le fils du roi des mers du Sud. Tu m'as sauvé la vie, c'est une action qui mérite récompense. Viens avec moi, je te présenterai à mon père. »

Min suivit le serpent jusque dans le palais du roi des mers du Sud où de grandes fêtes furent données en son honneur. Il accepta les fêtes et les remerciements, mais il ne voulut aucune récompense. Et, comme le roi lui proposait de le garder dans son palais, il dit :

« Je te remercie, mais à présent que j'ai vu le

fond des mers, j'ai envie de retrouver ma forêt. Je ne suis pas plus fait pour vivre ici que tu n'es fait pour vivre sur la montagne. »

Le roi qui était sage le comprit fort bien, et Min regagna le mont Tan Vien où il arriva pour assister à la fin du vieux génie qui lui dit :

« Si tu es revenu ici après avoir vu tant de choses, c'est que tu aimes cette forêt comme je l'ai aimée moi-même, car j'ai vécu la même aventure que toi. Je vais pouvoir gagner en toute quiétude le royaume de la lumière, tu seras toi aussi un bon protecteur des monts et des forêts. »

Min enterra le vieux génie au pied de son arbre, et il prit sa place dans le branchage. Il en descendait chaque matin pour soigner les malades que l'on amenait vers lui, car sa réputation avait gagné tout le pays. On louait tant sa beauté, son éternelle jeunesse, sa générosité et sa puissance que le roi du pays vint le voir un jour et lui offrit sa fille en mariage. Min accepta, mais ce que tout le monde ignorait, c'est que le serpent, devenu roi des mers du Sud à la mort de son père, était amoureux de la jeune princesse.

Le mariage eut lieu sur la montagne où les fêtes durèrent sept jours et sept nuits. Furieux, le serpent mobilisa les poissons, les tortues, les poulpes, les coquillages, les vagues et le vent de la mer pour prendre d'assaut la montagne, châtier Min et enlever son épouse.

On vit alors une bataille comme le monde n'en avait jamais connu. Ce fut la mer entière qui s'élança pour investir la montagne. Bêtes, flots et vent, marées et tempête, tout venait se briser contre la forêt. Car, depuis que Min n'était plus bûcheron, les arbres avaient poussé si hauts et si serrés que leurs troncs et leurs branchages constituaient des remparts imprenables.

Des milliers de vagues vinrent se briser au pied du mont Tan Vien, et toutes furent impuissantes à rompre les digues naturelles de la forêt.

Si vous allez un jour dans ce merveilleux pays, vous constaterez que les vagues poursuivent toujours ce combat désespéré et vous verrez aussi que Min et son épouse continuent de vivre dans la sérénité et l'amour au sommet d'une montagne éternelle.

Seuls les hommes ont parfois troublé la paix de cette contrée, mais la forêt finira bien par reprendre ses droits. Elle imposera la paix aux hommes comme elle l'a imposée à la mer.

Autrefois, les hommes imaginaient la terre peuplée de créatures terrifiantes. Les Vouivres, ces reptiles extraordinaires, hantaient nos campagnes, tuant les imprudents qui osaient les approcher. Pourquoi les profondeurs marines, mal connues, hostiles, n'auraient-elles pas dissimulé des monstres semblables ? Aux dangers que présentaient la mer, les tempêtes, les récifs, l'imagination populaire en ajouta un autre : les serpents. Pour les anciens Péruviens, ces animaux avaient d'ailleurs une origine ; ils étaient nés de l'eau au moment du déluge qui submergea les terres. Quelques-uns préférèrent vivre au milieu des hommes, d'autres dans les océans, comme celui que rencontra Min le bûcheron.

Dans le *Merveilleux voyage de saint Brandan,* on assiste à un duel entre ces énormes reptiles.

L'un d'eux, plus fort que quinze taureaux, crachant le feu, fendait l'eau à une vitesse prodigieuse.

Pourtant ces bêtes ne se manifestent pas uniquement dans les contes. En 1819, il paraît qu'une goélette américaine, la *Sally,* fut attaquée par un serpent de mer sur les côtes de Long Island. En 1848, l'équipage d'un navire, le *Daedalus,* aperçut lui aussi « quelque chose de très insolite approchant rapidement vers le bâtiment ». Voici ce qu'écrivait le commandant de ce vaisseau, dans un rapport daté du 11 octobre :

« Le diamètre du serpent était de 40 à 50 centimètres derrière la tête, laquelle était incontestablement celle d'un serpent... ; sa couleur était brun foncé, avec du blanc jaunâtre sur la gorge. Il n'avait pas de nageoires ; mais quelque chose qui ressemblait à la crinière d'un cheval, ou plutôt à une brassée d'algues, lui flottait sur le dos. »

Un des lieutenants du *Daedalus* précisait, lui, dans son journal intime : « Il vous donnait tout à fait l'impression d'être un grand serpent ou une grande anguille. »

Il se produit décidément des phénomènes fort étranges. Ces hommes ont-ils été victimes de leur imagination, ou ont-ils réellement vu un animal aussi fabuleux que le serpent de mer ? L'océan reste plein de mystères, alors laissons-nous captiver par ses légendes qui, elles, peuvent parfois nous apporter une réponse.

Le pêcheur
de feuilles

Albanie

Le métier de pêcheur n'est pas toujours facile et, sans un peu de chance, il arrive que ces travailleurs de la mer ne soient guère payés de leur peine. Ainsi, un brave père de famille de la côte Adriatique, proche de la pointe de Samana, avait-il bien du mal à nourrir ses cinq enfants. Jamais la pêche n'était vraiment abondante, et il arriva même un moment où il resta dix jours sans prendre le moindre poisson.

« Tout cela est très injuste, disaient les gens de son village, car il est le plus travailleur et il connaît son métier mieux que personne. »

On le plaignait beaucoup, mais, comme tout le monde était pauvre, personne ne se trouvait en mesure de lui venir en aide. Ses enfants avaient faim, et sa femme qui n'était pas très solide ne pouvait que laver un peu de linge pour gagner de quoi acheter du pain.

Le brave homme eût bien fait un autre métier, mais il ne trouvait pas d'embauche. Et puis, parce qu'il aimait la mer, il espérait toujours qu'elle finirait par se montrer généreuse avec lui.

Un jour que le roi passait par là, il entendit les enfants qui criaient famine. Il se renseigna, on lui dit combien ce pêcheur fort méritant jouait de malchance, et ce roi riche et bon décida de l'aider.

« Je veux faire quelque chose pour toi, lui dit-il, mais je tiens absolument à ce que tu restes pêcheur. Tu vas continuer ton métier et, chaque fois que tu rapporteras quelque chose dans ton filet, tu viendras l'apporter sur le plateau de ma balance. Dans l'autre plateau, je mettrai le même poids en sequins d'or, et cet or sera pour toi. »

De nouveau plein de courage et d'espérance, le pêcheur reprit la mer. Trois jours passèrent, trois jours et trois nuits sans une minute de repos. Trois jours et trois nuits à ramer, à lancer son filet, à le ramener sans qu'il vît l'ombre d'un poisson.

« Je suis maudit ! se lamentait-il. Nous mourrons tous de faim. »

Le pêcheur épuisé rentra au port, mais avant d'amarrer sa barque, il lança son filet une dernière fois. Lorsqu'il le retira, il n'y trouva qu'une feuille de chêne déjà bien abîmée par l'eau salée. Il allait la jeter lorsqu'un camarade lui dit :

« Que risques-tu à la porter au roi ? Il n'a pas parlé de poisson, il t'a dit de lui porter tout ce que te ramènera ton filet.

— Il va croire que je me moque de lui, et peut-être me fera-t-il jeter en prison ?

— Non, il ne le fera pas. C'est un bon roi. Et puis, je suis tout disposé à témoigner que tu as bien pêché cette feuille. »

Le pêcheur était tellement désespéré qu'il mit la feuille dans sa poche et prit le chemin du palais royal.

Lorsque le roi le vit arriver avec sa prise, il se mit à rire.

« Mon pauvre ami, fit-il, cette feuille est si légère qu'elle ne fera même pas bouger d'un cheveu le fléau de ma balance. Mais enfin, puisque tu es venu jusque-là, tentons tout de même l'expérience. »

Le pêcheur posa la feuille sur le plateau qui tomba comme si on l'eût chargé de plomb. Et le

trésorier du roi commença de poser des sequins sur l'autre plateau. À haute voix, un secrétaire comptait.

« Un sequin, deux sequins, trois sequins... »

La balance ne bougeait toujours pas. Et il fallut soixante sequins pour faire monter enfin le plateau où se trouvait la feuille.

Le pêcheur s'en alla avec les pièces et le roi, qui

n'en revenait pas, garda la feuille. Tous les savants du royaume furent invités au palais où ils demeurèrent longtemps à examiner cette feuille de chêne si étrange. Ils se livrèrent à toutes les analyses que la science pouvait permettre et, en fin de compte, ils furent bien obligés de reconnaître que cette feuille n'avait d'autre particularité que son poids.

Bien entendu, le pêcheur que l'on soupçonnait de magie fut interrogé, mais les enquêteurs, qui étaient des juges honnêtes, déclarèrent qu'il était beaucoup trop naïf pour être magicien.

Lui-même ne savait rien. Il ne pouvait rien savoir, car il n'avait pas assez de mémoire pour se souvenir des moindres détails de sa vie d'enfant.

C'était pourtant dans sa plus tendre enfance que dormait le secret de cette feuille. Car le pêcheur n'avait guère que trois ou quatre ans lorsqu'un laboureur, voisin de son père, avait déraciné et jeté sur le chemin un jeune chêne né en bordure de son champ. L'enfant avait ramassé ce tout petit arbre et l'avait planté en un endroit où personne ne cultivait le sol. Reconnaissant, le chêne, qui avait grandi en liberté, avait saisi cette occasion de remercier celui à qui il devait la vie.

Et sans doute parce qu'il détenait le pouvoir

de conjurer le mauvais sort, il s'arrangea pour que le pêcheur ne retire plus jamais de l'eau un filet vide.

La mer réserve parfois de bien grandes surprises, et elle peut faire la fortune des plus malheureux. Ainsi ce jeune Algérien qui découvrit dans le ventre d'un poisson, non pas une feuille, mais un verre qui se remplissait d'or et, plus tard, au cours d'une autre pêche, une bague qui, elle, exécutait tous les ordres qu'on lui donnait. Inutile de vous dire que ce jeune homme devint très riche et très puissant. Évidemment le verre, la bague et la feuille avaient un pouvoir magique. Dans de nombreuses légendes, on voit apparaître ces objets, et non seulement la baguette que toute fée se doit de posséder, mais aussi des flûtes, des lampes, des animaux. Pour les obtenir ou les découvrir, il faut les mériter. Alors ils protègent le héros de la pauvreté et l'aident à surmonter tous les obstacles. Une jeune Roumaine qui « jouait de malchance », comme notre pêcheur albanais, fut préservée d'une existence misérable grâce à un morceau de soie, magique bien sûr. Les deux histoires sont d'ailleurs très proches l'une de l'autre.

Chassée de toutes les maisons où elle essayait de se réfugier et où elle semblait apporter le malheur, Maria fut enfin recueillie par une vieille femme. Cette protectrice inespérée ne craignait pas trop sa jeune amie, car elle était un peu sorcière et savait conjurer le sort.

La fille de l'empereur du pays voisin préparait son mariage. Elle fit confectionner une magnifique robe de soie, mais on s'aperçut, la veille des noces, qu'il en manquait un morceau. La sorcière, qui possèdait ce bout d'étoffe, décida d'aider sa protégée. Elle fit savoir qu'elle vendrait le tissu à qui lui donnerait un poids d'or équivalent. Le fiancé de la princesse alla chez la vieille femme, mais il dut bientôt revenir au palais chercher plusieurs sacs d'or.

En effet, il avait d'abord mis sur la balance un ducat, puis deux, puis trois, mais le morceau de soie était toujours plus lourd. Trois sacs d'or ne suffirent pas et l'empereur fut obligé de monter lui-même sur le plateau pour établir l'équilibre. Voyant cela, le jeune prince prit la décision de rompre ses fiançailles et d'épouser celle qui, autrefois, portait malheur, puisque la soie lui appartenait.

De ce jour, la pauvre fille fut très heureuse, ainsi que ceux qui l'entouraient, et elle voua une profonde amitié à la vieille sorcière.

Le beau mendiant
et l'esprit des perles

Allemagne

Dans la plus nordique des îles allemandes, vivait un pêcheur d'une grande pauvreté et qui, durant toute son existence, avait connu bien des malheurs. Sa femme et ses deux filles étaient mortes d'un mal mystérieux, et il ne lui restait qu'un fils d'une vingtaine d'années. Épuisé par son travail, le vieil homme sentait venir la mort. Son fils, qui était beau et fort, ne voulait pas être pêcheur et passait son temps à mendier dans les villages.

« Hans, mon fils, dit un soir le pêcheur, je vais quitter ce monde. C'est pour moi une grande détresse que de te laisser seul sur une terre où la vie est si rude. Tu n'hériteras même pas de cette maison qui ne m'appartient pas. Je n'ai rien à te laisser, mais, au contraire, quelque chose à te demander.

— Parlez, dit Hans. Vous savez bien, père, que je prie chaque jour pour vous, et qu'après votre mort je prierai pour le repos de votre âme.

— Merci pour tes prières, mon petit, mais tu sais, je n'ai pas grand-chose à me faire pardonner. Aussi bien n'est-ce pas de cela que je veux t'entretenir. J'ai découvert, dans les récifs qui sont à l'ouest de notre île, une sirène que je surveille depuis quelque temps. Elle est belle, elle a une voix pleine de charme et, en plus, elle possède des colliers de perles comme tu n'en as jamais vu. Or, lorsqu'un bateau passe dans ces parages, elle se met à chanter et fait briller au soleil les perles de ses colliers. En l'entendant et en la voyant, les marins et les pêcheurs perdent la tête. Aussi cette créature du diable est-elle responsable de nombreux naufrages où sont morts bien des braves gens de mer. »

Hans s'était signé. Il écoutait, un peu effrayé à l'idée que son père ait pu courir un si grand péril sans jamais s'en ouvrir à personne.

« Et que voulez-vous que je fasse, seul contre ce monstre ? demanda-t-il.

— Tu vas commencer par prévenir tous les pêcheurs et tous les marins qui risqueraient de s'égarer au voisinage de ces récifs. Et je te recommande la prudence, car nul ne sait de quoi cette sirène est capable. Et puis, il faudra que tu cherches un moyen de l'empêcher de nuire. »

Le fils promit et, dès qu'il eut entendu son serment, le père ferma les yeux et quitta doucement ce monde de douleur.

Dès après l'enterrement de son père, Hans se remit à mendier. Dans chaque village où il passait, il s'arrêtait longuement au pied des calvaires ou dans les églises, et il priait en silence. Bientôt, toute la population de l'île le connut. On l'appelait « le beau mendiant » et l'on murmurait qu'il était un envoyé de Dieu sur la terre.

« Vous comprenez, disaient les plus pieux qui furent les premiers à l'aimer, il mendie, c'est un fait, mais il répand la bonne parole et il sauve des vies humaines. Vous voyez, il a déjà prévenu tous les pêcheurs de l'île, et à présent il passe ses nuits et ses journées sur le rivage pour crier aux marins que le malheur les guette s'ils vont vers les récifs de l'ouest.

— Mais qu'est-ce qu'il y a donc, sur ces récifs de l'ouest ? demandaient les plus incrédules.

— On ne sait pas. Et peut-être que le beau mendiant est le seul à le savoir.

— Est-ce qu'il ne se moque pas de nous ?

— Tout de même. Vous savez bien que des centaines d'hommes sont morts pour s'être approchés de ces brisants. Or, depuis que le beau mendiant est sur la côte, nul bateau n'a sombré. »

C'était la vérité, et tout le monde finit par l'admettre.

Hans continuait sa tâche, conscient d'être fidèle à la volonté de son père.

Cependant, un jour, un bateau dont il n'avait pu prévenir l'équipage alla se fracasser contre les rochers. Il y avait à son bord vingt-six matelots, un mousse et quatorze passagers, dont deux femmes et cinq enfants. Le drame fut ressenti comme un grand malheur, et Hans pensa que, pour mieux combattre cette sirène, il fallait la connaître. Car il ne pouvait pas vivre sans jamais dormir, et c'est précisément durant son sommeil que le drame s'était produit.

Il alla donc rôder tout près des lieux où son père avait aperçu la sirène. Parce qu'il avait une grande foi en Dieu, il ne redoutait point de succomber au charme de cette créature ni d'être tenté par ses perles, car la richesse le laissait indifférent.

Il chercha en vain des jours et des jours, il ne vit pas la sirène, mais, sous un rocher qu'il déplaçait un matin pour voir s'il ne dissimulait pas l'entrée d'une grotte, il découvrit un gros livre. Comme il ne savait pas lire, il eût certainement laissé le livre sous le rocher si la sirène n'était pas intervenue. Toute tremblante de colère, elle s'avança vers lui en se traînant sur le sable et se mit à crier :

« Rends-moi ce livre. Il m'appartient. Si tu l'emportes, tu es un voleur et tu seras châtié !

— Tiens, observa Hans sans perdre son calme, tu te montres enfin ! Il faut vraiment que ce livre soit bien précieux, pour que tu entres dans une pareille rage.

— Ce livre est ma propriété. Tu dois me le rendre. »

Elle criait de plus en plus fort et son regard vert semblait constellé de milliers d'étincelles rouges.

« On m'avait dit que tu étais belle et que les gens de mer succombaient à ta beauté et au charme de ta voix. Eh bien, ils ont de drôles de goûts ! Car moi, je te vois très laide et ta voix siffle comme ferait le plus mauvais vent de l'hiver. C'est la colère qui t'enlaidit. Et je vais emporter ce livre pour que ta colère grandisse et que tu deviennes plus laide encore. »

La sirène eut un ricanement qui rappelait le cri

du cormoran, puis elle dit, montrant ses colliers de perles :

« Même si j'étais laide, même si ma voix devenait effrayante, il me resterait ces perles pour attirer les hommes… Tiens, si tu veux, je te donne deux colliers en échange de ce livre. »

Le garçon hésita, mais il se dit que le livre devait être plus dangereux encore que les perles, surtout entre les mains de cette créature, et il préféra le conserver. Il s'éloigna, poursuivi par les hurlements du monstre.

« Tu seras châtié, criait-elle. Tu souffriras le martyre et tu mourras par ma volonté ! »

De retour au village, Hans demanda où il pourrait trouver une personne capable de lire ce livre, et on lui indiqua une jeune fille fort instruite qui vivait sur un îlot voisin. Il prit aussitôt la vieille barque laissée par son père, et il gagna cet îlot qui n'était peuplé que de trois familles pauvres. Il n'eut aucun mal à trouver cette jeune fille. Elle s'appelait Frida, elle était aussi douce que belle.

« Tu es celui que l'on nomme le beau mendiant, dit-elle. On m'a souvent parlé de toi. Je sais que tu es très pieux et que tu essaies de lutter contre cette sirène qui fait tant de mal aux marins. J'ai été fiancée avec un gabier qui est mort dans un naufrage qu'elle avait provoqué. Tu peux compter sur moi pour t'aider. »

Hans tendit le livre à Frida qui parcourut quelques pages et parut effrayée.

« Je crois bien, dit-elle d'une voix qui tremblait un peu, que ce volume contient tous les secrets de la sirène. Mais il est écrit dans une langue compliquée et pleine de symboles qu'il faudra interpréter. Nous aurons besoin de beaucoup de temps pour le déchiffrer. Comme il faut agir dans le plus grand secret, je propose que tu viennes la nuit, chaque fois que je serai seule. Pour te faire savoir si tu peux venir, j'allumerai un feu sur la grève. »

Hans regagna son île, et dès la nuit suivante, ayant vu le feu, il rejoignit Frida.

Ils allaient s'asseoir côte à côte entre deux rochers, et, à la lueur du feu, la jeune fille lisait. Après deux semaines de lecture, ils savaient l'un et l'autre qu'ils s'aimaient. Ils s'en firent l'aveu, mais ils promirent de ne s'épouser que lorsqu'ils auraient vaincu la sirène.

Leur amour demeura donc très pur et parfaitement chaste. Ils lisaient, réfléchissaient, puis, avant de se quitter, ils priaient ensemble.

Un soir, Hans attendit en vain sur la plage, il ne vit pas briller la lueur du feu. Passé minuit, il conclut que Frida n'avait pas jugé prudent de sor-

tir ce soir-là, et il alla se coucher. Mais Frida
l'attendait. Elle avait allumé son feu, et si Hans
n'avait pu en voir la lueur, c'est que la sirène avait
fait lever de la mer, à mi-chemin entre les deux
îles, un épais rideau de brouillard.

Terriblement inquiète, Frida voulut rejoindre
Hans. Comme elle ne possédait pas de bateau,
elle entra dans l'eau et se mit à nager.

C'est ce qu'attendait la sirène. Car si les sirènes
sont réduites à l'impuissance lorsqu'elles sont sur
terre, elles possèdent dans l'eau un immense pouvoir. Dès que la jeune fille fut à quelques mètres
des rochers où dormait Hans, une énorme lame
de fond la souleva et la projeta contre une avan-
cée de falaise.

Hans fut réveillé par une douleur qui lui serra le cœur. Il comprit aussitôt qu'un malheur était arrivé et il se mit à errer sur la grève. Très vite, il découvrit le corps de Frida et le prit dans ses bras en pleurant.

Il gémissait en regardant au loin la lueur du feu qui continuait de brûler sur l'îlot qu'avait quitté Frida. Car le brouillard s'était dissipé et la nuit était d'une limpidité de cristal.

Cependant, peu à peu, la vision du beau mendiant se troubla. Était-ce le brouillard qui se reformait ? Non, ce n'était pas cela, mais ses larmes qui devenaient dures comme des pierres.

Hans pleura jusqu'au matin. Lorsque les habitants de l'île vinrent sur la plage, ils découvrirent un rocher qui avait la forme d'un homme tenant une femme dans ses bras. Et, des yeux de l'homme, ruisselaient des milliers de perles fines pareilles à celles que portait la sirène.

Ce conte s'inspire de *La Chronique de l'écolier itinérant* de Clemens Brentano, où le poète nous relate l'histoire de « L'Esprit des perles », cette sirène qui attirait les marins en chantant et en leur montrant des perles.

Une reine très belle, mais très orgueilleuse, avait une fille extrêmement ingrate. Celle-ci épousa un mauvais esprit de la mer et donna le jour à une sirène, l'Esprit des perles, qui, comme vous le savez, fit périr bien des marins.

La sirène apparaissait tantôt sous la forme d'un beau jeune homme, tantôt sous les traits d'une femme. Elle enfermait ses prisonniers dans le « Puits d'Amertume » sorte de chambre aménagée sous les rochers. Privés de sommeil, attachés à la pierre par les cheveux, les captifs vieillissaient vite. Leur corps se couvrait peu à peu d'écailles et, de leurs yeux, coulaient sans discontinuer des larmes qui se transformaient aussitôt en perles.

Après la mort du « beau mendiant », les méfaits de la sirène se multiplièrent. Voici, par exemple, l'aventure de deux jeunes filles, victimes de l'Esprit des perles.

Trois sœurs rêvaient de trouver des perles sur le rivage. Elles se dirigèrent vers la plage, quand elles entendirent, en même temps, le son d'une petite cloche et un chant très doux. La plus jeune d'entre elles souhaita aller se recueillir dans la chapelle, les deux autres, au contraire, voulurent découvrir l'origine de ce chant merveilleux. Elles se séparèrent donc.

Sur le rivage, une barque, sans rames, attendait les deux jeunes filles. À peine assises dans le bateau, elles furent portées en haute mer. Bientôt, debout sur un rocher, un beau jeune homme surgit devant elles. La mystérieuse apparition chantait d'une voix claire et harmonieuse. D'une main, elle tenait de longs colliers de perles, de l'autre, des coraux. Prises dans un tourbillon, les jeunes filles se mirent à crier, mais elles disparurent dans les vagues. Enfermées, elles aussi, au fond du Puits d'Amertume, elles pleurent sans doute toujours, au côté des autres prisonniers.

Les gens
du fond des mers

Brésil

Tout près de la mer, Miguel vivait modestement, car il n'était pas pêcheur et ne possédait que quelques arpents de terre où il cultivait des fèves. Il se donnait beaucoup de mal sur ce sol trop maigre, et ses récoltes n'étaient pas toujours abondantes. Pourtant, à force de charrier des algues tirées à grand-peine de l'océan, et du crottin de cheval ramassé sur le chemin, il parvint à enrichir l'humus à tel point qu'une année où il avait beaucoup plu, sa moisson s'annonça excellente. Il allait chaque jour surveiller la maturité, attendant avec impatience le temps de la cueillette.

Et ce temps était arrivé, lorsqu'il découvrit un matin que la moitié de ses fèves avaient disparu au cours de la nuit. Furieux, le soir venu, il prit un gourdin et se cacha sous un buisson qui bordait le chemin.

La lune était à son plein et versait sur la terre une clarté de grand jour. Le temps était calme, et le roulement des vagues sur la plage voisine était le seul bruit. Luttant contre le sommeil, Miguel attendit.

Vers le milieu de la nuit, il vit une femme vêtue d'une longue robe blanche, qui entrait sur sa terre et commençait la cueillette. Le paysan se précipita. Dès qu'elle le vit, la femme se mit à courir vers la plage, mais, gênée par sa longue robe et un grand couffin qu'elle n'avait pas voulu abandonner, elle tomba sur le sable où Miguel l'immobilisa. Il y eut une courte lutte, l'homme était robuste et la femme fut rapidement vaincue.

Miguel vit alors qu'elle était jeune et belle.

« Qui es-tu ? demanda-t-il.

— Tu ne le sauras pas, fit-elle d'une voix dure.

— Tu n'es pas du pays. Je ne t'ai jamais vue par ici. »

Elle ne répondit pas, et Miguel, examinant son couffin, constata qu'il était tressé de brins d'algues très fins.

« D'où es-tu donc, pour que ton couffin ne soit pas fait de paille comme le sont ceux de tous les gens de chez nous ? »

La jeune fille hésita encore longtemps, puis, voyant que le paysan ne la lâcherait pas, elle finit par dire :

« Je m'appelle Conchita. Et je suis du peuple qui vit au fond des mers. »

Miguel avait entendu parler de ce peuple mystérieux, mais il avait toujours refusé de croire à son existence. Troublé, il se souvint alors que sa mère lui avait dit un jour :

« Les filles du fond des mers ont les yeux couleur d'aigue-marine et leurs lèvres ont le goût du sel. »

Obligeant la jeune fille à tourner son regard en direction de la lune, il put constater que ses yeux étaient bien de cette belle couleur verte inimitable. Il l'embrassa. Ses lèvres avaient le goût du sel.

Mais ce baiser les troubla profondément l'un et l'autre, et Conchita accepta d'épouser Miguel, lorsqu'il lui eut promis de ne jamais maudire les gens de dessous les eaux.

Et cette fille venue du fond des mers donna trois beaux enfants au paysan qui en fut heureux.

Cependant, le bonheur de Miguel ne pouvait

être parfait, car son épouse pensait davantage à sa propre toilette qu'à celle de ses enfants. Elle ne savait pas cuisiner, elle négligeait le linge et le ménage. Le pauvre homme devait s'occuper de la maison et continuer seul de travailler son champ de fèves.

Or, après cinq années de vie commune, un jour que Miguel était particulièrement fatigué, il se mit en colère :

« Tu n'es ni une bonne mère ni une bonne épouse, lança-t-il à sa femme. Je ne sais pas comment tu as été éduquée, mais je ne connais aucune fille de mon pays qui soit aussi négligente et paresseuse que toi !

— Je me moque des filles de ton pays, cria Conchita. Pour moi, les seuls gens qui comptent sont ceux qui vivent au fond des eaux ! »

Aveuglé par sa colère, Miguel s'approcha d'elle en disant :

« Eh bien, moi, je me moque des gens de dessous les eaux. Je me moque d'eux, et je les maudis ! »

Dès qu'il eut prononcé ce mot, Conchita quitta la maison. Miguel crut un instant qu'elle allait bouder quelque part. Lorsqu'il vit ses enfants sortir derrière elle, il commença d'être inquiet. Mais son inquiétude se changea en stupeur, quand la

table, les bancs, le fourneau, le buffet, les lits, les casseroles... enfin tout ce qui meublait la maison se mit à marcher sur les traces de Conchita.

Le malheureux sortit pour tenter de retenir au moins son mulet qui partait aussi, et c'est alors que la maison elle-même se mit en branle et descendit vers la mer.

Miguel dut s'adosser à un arbre pour ne pas tomber tant ses jambes tremblaient. Et c'est dans cette posture qu'il vit sa famille et tous ses biens disparaître dans les flots.

Le malheureux resta seul et dépouillé de tout. Même ses outils avaient disparu et un voisin dut lui prêter une houe pour sarcler son champ. Car il était courageux et se remit à l'ouvrage. Il peina beaucoup, ne récolta pas toujours ce qu'il méritait, mais plus jamais personne ne sortit de l'océan pour venir lui voler ses fèves.

Au Brésil, on parle beaucoup des êtres qui vivent sous les eaux. Les fleuves et les mers sont peuplés de divinités, de génies, de sorcières, ou de sirènes souvent séduisantes. Bien sûr, les Brésiliens, comme les autres peuples, étaient attirés par ce monde inconnu, par ces créatures fantastiques qui, croyaient-ils, venaient parfois sur les rivages. Ils imaginèrent alors des rencontres et même des mariages.

Pourtant tout le monde n'est pas digne de partager l'existence d'un être du fond des eaux. Miguel, le héros de ce conte, fut mis à l'épreuve : il ne devait « jamais maudire les gens de dessous les eaux ». Mais il ne sut pas tenir sa promesse et sa femme retourna dans l'océan. La légende japonaise, *Le Pêcheur sans âge,* renferme la même idée. Urashima, pour rejoindre son épouse, ne devait pas ouvrir le coffret.

Les paysans du Nord-Est brésilien racontent l'histoire que vous venez de lire. Un autre conte, dont l'action se situe à l'embouchure du Rio Negro, met en scène « la Yara », c'est-à-dire « la Mère de l'eau », et un homme qui, cette fois, décide de vivre dans un autre monde.

Un jeune Indien suivait le cours du fleuve, assis dans sa pirogue, lorsqu'il vit, debout sur la rive, non loin d'une cascade, une très belle jeune fille qui lui tendit les bras avant de disparaître dans les eaux.

Notre héros devint éperdument amoureux de la merveilleuse apparition. Il rentra chez lui, refusa de manger et de parler. Toute la journée, il demeura accroupi devant sa hutte, regardant autour de lui d'un air absent. Sa mère, inquiète, le harcelait de questions. Il finit par lui conter son aventure. Folle d'angoisse, la pauvre femme le supplia de ne jamais retourner sur le fleuve. Il devait avoir rencontré la Yara, qui sans doute désirait sa mort. Dans le pays, on la soupçonnait d'enlever les jeunes gens.

Malgré les avertissements de sa mère, le garçon repartit le lendemain sur sa pirogue. Il ne revint jamais. Tout le village se persuada qu'il avait été victime de la Yara.

Quelque temps plus tard, des pêcheurs rapportèrent qu'ils avaient remarqué, près des cascades, un homme et une femme assis sur le rivage. L'étrange couple semblait heureux, mais dès que quelqu'un cherchait à s'en approcher, il disparaissait dans le courant. Pourtant, les pêcheurs finirent par reconnaître le jeune Indien et la Yara. En ne croyant pas sa mère, en faisant confiance à l'ondine, le jeune homme avait mérité de vivre avec elle sous les eaux.

Les cygnes
de la mer

Irlande

Dave était un petit garçon de huit ans fort bien élevé par ses parents qui n'avaient que cet enfant et prenaient grand soin de lui. Il était sage et instruit, il ne cherchait jamais à s'éloigner seul de la maison construite à quelques dizaines de pas d'une belle plage de sable fin. Les jours où la mer était calme, on permettait à Dave de jouer seul sur la plage à condition qu'il ne monte pas sur la digue. Car au bout de la digue, l'eau était profonde et le garçon ne savait pas nager.

Je l'ai dit, Dave était obéissant, et pourtant, un matin, il alla jusqu'au bout de la digue parce que trois cygnes magnifiques se tenaient sur l'eau à quelques brasses des enrochements. Dave, qui avait trouvé au fond de sa poche un croûton de pain, l'émietta et lança les miettes aux cygnes. Les grands oiseaux blancs s'avancèrent vers lui, et il se pencha pour les caresser, mais, à mesure qu'il avançait la main, les cygnes s'éloignaient. Sur les vagues qui léchaient doucement les pierres moussues, une grosse planche flottait. Dave, qui avait rarement vu la mer aussi calme et le ciel aussi pur, pensa qu'il ne risquait rien à s'allonger sur cette planche pour s'approcher des cygnes. Plongeant les mains dans l'eau, il se mit à faire les mêmes mouvements que les cygnes avec leurs pattes palmées. Peu à peu, sans qu'il y prît garde, la planche s'éloigna du rivage.

Toujours sans se laisser toucher, les oiseaux nageaient près de lui. L'un allait devant, et les deux autres à droite et à gauche. C'était comme un jeu. La houle les berçait doucement. Et le soleil déjà chaud faisait miroiter l'océan tranquille.

Tout était rassurant. Tout était plein d'une infinie sérénité qui donnait envie de partir loin sans se soucier jamais de la terre et des hommes.

Dave s'inquiéta si peu du chemin parcouru qu'il finit par s'éloigner de la côte à tel point

qu'elle disparut à ses yeux. Lorsqu'il s'en rendit compte, il voulut se dresser debout sur la planche afin de voir plus loin mais il perdit l'équilibre et tomba à l'eau. Il eut à peine le temps de penser à ses parents et aux beaux jours passés avec eux, que déjà il s'évanouissait.

Lorsque le garçon reprit connaissance, il fut tout surpris de se trouver dans un lit douillet fait de duvet immaculé. Il regarda autour de lui. La pièce, où il était dans le plus parfait silence, avait deux hautes fenêtres par où entrait une belle lumière chaude et toute dorée. La tapisserie qui recouvrait les murs représentait des milliers d'oiseaux, de fleurs et d'insectes inconnus et si beaux qu'ils paraissaient arriver tout droit du paradis.

« Je suis certainement mort, murmura Dave, mais, puisque j'ai désobéi à mes parents, je dois être en enfer. Si l'enfer est si beau, je me demande pourquoi les hommes en ont peur. »

Il demeura silencieux un moment, puis d'une voix légèrement angoissée, il appela :

« Héo ! Il n'y a personne dans cette maison ? »

Aussitôt, la porte s'ouvrit et trois jeunes femmes très belles, vêtues de robes blanches comme des plumes de cygnes s'avancèrent. L'une se plaça au pied du lit, et les autres à droite et à gauche.

« Tiens, leur dit le garçon, vous me faites penser aux trois cygnes qui m'ont accompagné en mer. »

Il remarqua qu'elles ressemblaient aux trois oiseaux par leur port de tête plein de fierté et leur manière de le regarder.

« Ne cherche pas qui nous sommes, dit celle qui se trouvait au pied du lit. Sois seulement assuré que nous ne te voulons aucun mal. Si tu retournes chez toi après cette longue absence, tu seras certainement puni avec sévérité. Tu peux donc demeurer ici. Nous te soignerons, nous te donnerons des jouets comme aucun petit d'homme n'en a jamais vu, mais tu dois savoir que, si tu restes plus de trois jours, il te sera impossible de regagner la terre car tu ne pourras plus jamais supporter ni le vent ni le soleil. »

Avant que Dave ait eu le temps de réfléchir, les trois personnes couvrirent son lit de cadeaux extraordinaires. Il y avait là des jouets de toutes sortes, des fruits exotiques, des fleurs, des bonbons, et surtout d'étranges automates qui jouaient de la musique et dansaient tout seuls.

Dave crut qu'il était au royaume des bonnes fées et, émerveillé par tant de présents, il dit sans réfléchir :

« Je n'ai aucune envie de vous quitter. »

Les trois dames blanches eurent un large sourire, elles l'embrassèrent tendrement et se mirent à jouer avec lui. Elles jouèrent longtemps, puis elles lui firent visiter la demeure qui était un beau château tout plein d'autres jeux encore plus étonnants que ceux qu'elles avaient apportés dans sa chambre.

Il y avait tant et tant de merveilles en ce lieu de rêve, que Dave ne vit point passer le temps. À mesure qu'il grandissait, les trois dames blanches lui offraient d'autres jeux. Et ces jeux étaient à la fois si plaisants et si instructifs que, lorsqu'il eut atteint sa vingtième année, il était un beau jeune homme déjà savant.

C'est alors que vint en visite au château la fille d'un roi richissime qui tomba amoureuse de lui et demanda sa main aux dames blanches. Celles-ci répondirent que Dave était libre et pouvait décider seul.

« Je n'ai aucune envie de vous épouser, dit Dave à la princesse. Je ne vous aime pas, et la fortune de votre père ne m'intéresse pas. »

La princesse à qui personne n'avait jamais rien osé refuser fut très contrariée. Sur un ton de colère, elle cria aux dames blanches :

« Puisqu'il en est ainsi, mon père sera furieux et je vous prédis une fin terrible à vous et à votre protégé. »

Dès qu'elle eut disparu en claquant la lourde porte du château, les dames blanches demandèrent à Dave pourquoi il refusait un tel parti.

« Je l'ai dit, répondit-il. Je n'aime pas cette princesse. D'ailleurs, sa colère me donne raison. Qui pourrait être heureux avec une femme si irritable ? »

Il se tut un moment, puis, d'une voix très douce, il ajouta :

« Et surtout, vous êtes si bonnes pour moi que je n'éprouve nulle envie de vous quitter. »

Les trois dames échangèrent un regard où le garçon crut voir passer une grande joie teintée de tristesse. Il y eut un moment de silence très lourd, puis l'une d'elles déclara :

« C'est bien, Dave, nous sommes touchées par ton affection. Mais cette journée t'a fatigué. Tu vas boire une tisane et te reposer. »

Le garçon but la tisane qui avait le goût des algues marines, et à l'instant même sombra dans un profond sommeil.

Lorsqu'il se réveilla, il se trouvait dans la maison de ses parents qui, bien qu'il eût beaucoup changé, l'avaient reconnu tout de suite. Dehors, le vent hurlait. Le ciel devait être en furie, et de sa chambre Dave entendait des vagues énormes déferler sur la plage et marteler la digue.

« Mon pauvre enfant, dit la mère, tu es arrivé juste avant cette épouvantable tempête. Nous t'avons trouvé sur la plage, à côté d'une planche à laquelle tu avais dû t'accrocher. »

À ce moment-là, il y eut une vague si forte que les embruns vinrent fouetter les vitres. La mère dit au père :

« Tu devrais aller pousser les volets. Mais fais-le de l'extérieur, car si tu ouvres la fenêtre, les carreaux risquent de se briser. »

Le père sortit et revint un moment plus tard, trempé de la tête aux pieds.

« Je n'ai jamais vu chose pareille, fit-il. On dirait que les dieux de l'océan sont dans une terrible colère. Même les oiseaux de mer ne résistent pas. Les vagues ont amené jusque devant notre porte trois beaux cygnes blancs que la tempête a tués.

— Allons, dit la mère, laissons Dave se reposer, je vois que la lumière le fatigue. »

Et les parents sortirent en emportant la lampe. Mais ce n'était pas à cause de la lumière que Dave avait mis la main sur ses yeux, c'était seulement pour cacher ses larmes.

Dave, le petit Irlandais, lança des miettes aux cygnes, il les caressa et il en fut récompensé. Dans les légendes, les échanges entre la terre et l'océan sont fréquents. Nombreux furent ceux qui rendirent visite aux peuples sous-marins. Pour cela, il suffisait d'être bon, en particulier avec les animaux, car ceux-ci dissimulaient souvent des êtres puissants. Pourtant, certains firent le voyage contre leur gré. Il s'agissait alors de véritables enlèvements. C'est ce qui arriva à une jeune Bretonne qui, plus tard, accepta de vivre définitivement sous les eaux.

Mona, fille d'un pauvre pêcheur, vivait sur une petite île et passait son temps à chercher des coquillages. Mona était d'une grande beauté. Elle faisait l'admiration de ses amies, et surtout du prince des mers qui l'avait aperçue plusieurs fois sur le rivage. Il projeta de l'enlever et de l'emmener sous les eaux, dans sa demeure, ce qui n'était pas chose facile, car la jeune fille ne venait jamais pêcher seule. Un jour, pourtant, son désir se réalisa. Mona s'étant éloignée de ses compagnes, le prince se précipita sur elle et l'entraîna dans les flots, malgré ses cris et ses supplications.

De ce jour, notre héroïne vécut dans un palais de corail. Elle épousa son ravisseur, car il l'aimait profondément et se montrait très bon pour elle. Cependant, malgré la richesse, malgré la générosité de son compagnon, Mona s'ennuyait. Elle aurait voulu revoir son père et sa mère ainsi que leur pauvre chaumière. Elle était très malheureuse et pleurait sans cesse.

Son époux, devant tant de chagrin, lui proposa de la conduire chez elle. Il lui fit promettre de n'embrasser, sur terre, aucun homme. Mona accepta, car elle ne voulait pas faire souffrir son mari. Ils partirent donc. Sur l'île, Mona courut à la maison de ses parents, pendant que le prince l'attendait sur le rivage.

Le vieux pêcheur, en retrouvant sa fille, se jeta dans ses bras et l'embrassa. À cet instant, Mona oublia tout de sa vie passée et demeura près de sa famille. Une nuit, elle entendit gémir derrière sa porte. Une voix lui rappelait sa promesse de jadis. Elle sortit. La mémoire lui revint en voyant son mari qui se lamentait. Alors, elle se précipita vers lui, et on ne la revit plus jamais dans le pays.

La cité
sous les eaux

Pays-Bas

C'était au temps où les Pays-Bas asséchaient les premiers polders pour enlever à la mer de grands champs d'élevage. Sur les terres ainsi conquises, une cité s'était construite dont l'Histoire a oublié le nom. Des canaux la sillonnaient, des moulins l'entouraient dont les ailes tournaient au vent pour rejeter à la mer cette eau qui tente toujours, sournoisement, par infiltration, de passer sous les digues pour reprendre aux hommes le terrain qu'ils ont eu tant de peine à gagner. Dans ces pays où le niveau du sol est souvent plus bas que celui des océans, c'est un combat constant qui se livre, et les habitants doivent sans cesse faire alliance avec le vent pour demeurer les pieds au sec. Mais, parce que les digues sont édifiées par des gens qui savent ce qu'est la grande force des mers, on peut vivre tranquille, on se sent protégé. Et pourtant, chaque fois que la mer du Nord entre en furie, des femmes et des hommes tremblent nuit et jour en observant les digues.

Or, en ce temps-là, la peur était plus grande qu'aujourd'hui car, depuis la construction des digues, jamais le pays n'avait connu de très forte tempête. La cité s'était édifiée en quelque vingt années, des enfants y étaient nés qui grandissaient en jouant le long des canaux. Eux seuls vivaient dans l'insouciance, grimpant souvent sur la levée pour regarder la mer.

Mais, un jour d'automne, il arriva que le vent du large se mit à souffler si fort que d'énormes vagues se formèrent. Plus hautes que des maisons, elles semblaient arriver du fond de l'horizon où pesaient d'épaisses nuées noires. Et les nuées aussi, comme un troupeau de bêtes roulant leurs muscles luisants, s'avancèrent en direction des terres.

On était au milieu de la journée et, pourtant, lorsque les nuages arrivèrent sur la ville, tout le pays se trouva plongé dans la nuit.

Les gens étaient sortis dans les rues pour voir ce qui se passait, mais ils durent bientôt regagner leurs maisons, car le ciel creva d'un coup, versant une pluie serrée que le vent fouaillait sans relâche.

Depuis chez eux, malgré le crépitement de l'averse et le hurlement des bourrasques, les citadins effrayés entendaient résonner contre la digue les coups de bélier des vagues de plus en plus rageuses.

« Nous sommes perdus !

— Mon Dieu, protégez-nous !

— C'est la fin du monde ! »

Des femmes et des enfants criaient. D'autres se jetaient à genoux et priaient.

Voyant les canaux déborder et l'eau envahir peu à peu les pièces les plus basses, les hommes se mettaient à monter les meubles dans les étages et les greniers.

Cependant, Jeppe et Griselda, qui étaient deux enfants de six et sept ans, jouaient sur la place de la cathédrale au moment où l'averse se mit à tomber. La maison de leurs parents se trouvant dans un quartier assez éloigné, ils décidèrent d'entrer dans la cathédrale pour y attendre une accalmie. Comme plusieurs lampes à huile brûlaient, les deux enfants ne prêtèrent que peu d'attention à l'obscurité qui enveloppait la ville. Ils regardèrent les sculptures des piliers, admirèrent la statue de la Vierge portant l'Enfant Jésus et celles de plusieurs saints qu'ils ne connaissaient pas mais dont le visage souriant rassurait.

Deux heures passèrent, et la pluie tombait toujours. Le vent qui s'écorchait en passant aux gargouilles et aux flèches du clocher miaulait sans cesse, mais, parce que les murs et les voûtes étaient solides, il semblait que rien de grave ne pût arriver.

Pourtant, à un certain moment, il y eut une secousse, comme si la terre se fût mise à trembler. Et, tout de suite après, un bruit de torrent couvrit celui de la tempête. Les enfants se regardèrent, écoutèrent encore et perçurent des appels et des cris.

« Il faudrait regarder ce qu'il se passe, dit Jeppe qui était l'aîné. La digue s'est peut-être rompue. »

Comme ils s'approchaient du porche, ils virent l'eau sale bouillonner en passant sous le portail de bois. Avant qu'ils aient pu atteindre l'entrée, l'eau avait recouvert le sol et continuait de monter.

« Il faut trouver l'escalier du clocher, dit Jeppe en entraînant Griselda qui tremblait. Viens, viens vite, sinon nous serons noyés. »

Déjà le flot leur arrivait à hauteur des genoux.

Les bancs de bois flottaient, s'entrechoquant et heurtant les piliers.

Les enfants trouvèrent l'escalier derrière l'autel et, un peu effrayés par l'obscurité, tâtonnant et trébuchant sur les marches humides, ils se mirent à monter. Ils grimpèrent longtemps avant d'atteindre la plate-forme. La pluie et le vent s'étaient calmés, et le ciel moins lourd laissait filtrer une lumière pâle. Les enfants s'approchèrent de la rambarde de pierre et se haussèrent sur la pointe des pieds pour voir la ville. Et c'est alors que l'effroi les saisit d'un coup.

Car la ville avait disparu.

La ville et les terres d'alentour. Les terres et les canaux, les canaux et les digues.

Rien ! Il n'y avait plus rien que l'immensité des eaux où la houle encore forte courait, écumant contre la cathédrale qui n'était plus qu'un récif perdu en mer.

Et déjà le soir tombait. On le sentait à la lueur mauve qui plaquait des reflets sur ce vert froid et sombre de l'eau.

« Mon Dieu, soupira Griselda, nous sommes abandonnés. Tout le monde a dû fuir. Nos parents ne nous ont pas trouvés. Ils doivent nous croire morts et sont partis avec les autres. »

Ils appelèrent, mais leurs cris se perdirent dans

l'immensité. Ils appelèrent longtemps, puis, transis et épuisés, ils se couchèrent sur les dalles glacées et s'endormirent.

Le lendemain matin, ce fut le soleil qui les tira de leur sommeil. Tout autour d'eux, la mer apaisée luisait, à peine striée de petites vagues.

Les enfants firent le tour de la plate-forme. Des mouettes et des goélands tournoyaient, rasant l'eau, mais aucune trace de la ville n'était visible. Simplement, çà et là, ballottées par le flux et le reflux, des épaves flottaient. Des meubles brisés, une porte, des bouteilles vides, du foin et de la paille.

Les enfants, qui se croyaient abandonnés, recommencèrent à pleurer lorsque, vers le milieu de la matinée, un navire passa au large. Ils se mirent à crier et Jeppe enleva sa chemise pour l'agiter à bout de bras comme un pavillon de détresse. Aussitôt, les voiles du navire descendirent, l'ancre fut jetée et une barque de sauvetage mise à la mer. Les matelots vinrent chercher les enfants et le bateau gagna le port le plus proche.

Lorsque la nouvelle se répandit, plusieurs embarcations se rendirent sur les lieux pour tenter de recueillir d'autres survivants, mais les sauveteurs ne purent jamais retrouver l'emplacement de la cité. Minée à sa base par les vagues, la cathédrale s'était écroulée et nulle trace n'était plus visible de cette ville construite sur le polder. Jeppe et Griselda étaient vraiment les seuls survivants, et ils furent recueillis par des cousins qui habitaient un village éloigné de la mer.

On ne parle plus guère de la cité disparue, mais il arrive que des marins pris dans les parages par de fortes tempêtes entendent, dans le tumulte de la mer et du vent, les cris désespérés des habitants, jadis emportés par la colère des flots.

Les habitants des Pays-Bas doivent sans cesse lutter contre les eaux. Une grande partie des terres de ce pays se trouve au-dessous du niveau de la mer, aussi a-t-il fallu construire d'immenses digues pour lutter contre les inondations. Il n'est donc pas étonnant de rencontrer dans les contes néerlandais le thème des villes englouties.

C'est un sujet que nous retrouvons en de nombreux pays, mais sous un aspect un peu différent. Beaucoup de cités auraient disparu, paraît-il, à cause de la mauvaise conduite de leur population, ou pour échapper à un danger imminent. Tel fut le cas de Kytège, en Russie, ou de Zug, en Suisse. Seules les légendes nous ont permis de ne pas oublier leur nom.

En Bretagne, il existait autrefois une ville, Ys, qui fut envahie par les eaux. Voici son histoire.

Il y a très longtemps, le roi de Quimper et de Cornouaille, Gradlon, rencontra sur le rivage une femme vêtue d'une cotte de mailles. Celle-ci n'était autre que Malgven, reine du Nord. Ils s'épousèrent et eurent une fille, Dahut.

Un jour, Malgven, sentant la mort proche, demanda à son époux de l'emmener sur la plage et de jeter son corps dans les eaux. Gradlon, désespéré, obéit. Il éleva seul sa fille.

Quand Dahut eut seize ans, elle devint mélancolique et formula le souhait de vivre face à la mer. Son père n'osa refuser. Il lui fit construire une ville magnifique au bord de l'océan, avec une digue très haute pour la protéger. Cette cité fut appelée Ys.

La vie n'y avait rien de triste. Dahut ne connaissait que les festins, les fêtes, et n'allait jamais se recueillir dans une chapelle ou dans une église, pour la bonne raison que la ville n'en possédait pas.

Pourtant, un soir, il y eut un bruit épouvantable. Le vent se leva et la mer en furie s'engouffra à travers les failles des murailles. La cité fut engloutie. Dahut et les habitants n'eurent pas le temps de s'enfuir ; tous disparurent dans les flots.

Certains disent que la jeune fille fut transformée en sirène et que, lorsque le soir tombe, elle vient, sur le rivage, peigner ses longs cheveux aussi blonds que l'or.

Le vieux
de la mer

Sibérie

Cette histoire commence assez loin de la mer, dans un petit village du Kamtchatka. Ce village se trouvait à près de huit cents mètres d'altitude, et pourtant ses habitants vivaient tous de la pêche car le fleuve, qui était aussi vif qu'un torrent, charriait des eaux si pures que des myriades de poissons venus de la mer d'Okhotsk remontaient sans cesse ses rapides.

C'est là que naquit un jour un garçon qui fut abandonné nourrisson sur un îlot aride. Des pêcheurs qui l'entendirent pleurer le recueillirent et l'appelèrent Nazroum.

Nazroum surprit tout le monde, car, en quelques semaines, il avait atteint la taille d'un homme. À l'âge de trois mois, il était le plus fort et le plus intelligent des jeunes gens de la contrée. On le regardait avec étonnement, mais, comme il était gentil et travailleur, on l'aimait bien. On l'aima jusqu'au jour où, subitement, le poisson disparut. Plus rien ne vivait dans les eaux du fleuve, et les filets restaient vides. Ce fut bientôt la famine, et l'on se mit à raconter que c'était Nazroum qui avait apporté la malédiction sur le village. Certains parlaient de le tuer, d'autres voulaient le chasser, et son père adoptif, le pauvre Plétoun, n'en menait pas large.

« Il faut te cacher jusqu'à ce que le poisson revienne », dit-il à Nazroum.

Très calme, le garçon répondit :

« Si le poisson a disparu, c'est que Taïnadz, le vieux de la mer, s'est endormi. Et le poisson ne reviendra que lorsqu'il sera réveillé. »

Plétoun se gratta la barbe. Voilà qui lui paraissait bien étrange !

« Et quand se réveillera-t-il ?

— Quand on ira le réveiller, dit le garçon.

— Et qui donc ira le réveiller ?

— Moi, si tu le désires.

— Mais où est-il ?

183

— Quelque part sur une île de la mer d'Okhotsk.

— Et tu sais où est cette île ?

— Non, dit Nazroum, mais je la trouverai. »

Comme le village se faisait de plus en plus menaçant, le vieux pêcheur laissa partir son enfant d'adoption et se mit à prier en attendant son retour.

Nazroum suivit la rive du fleuve jusqu'à la mer. Il marcha trois jours et trois nuits et, lorsqu'il atteignit la côte, épuisé, il s'endormit sur le sable d'une plage.

Juste avant l'aube, il fut réveillé par des jeunes gens qui, sans se soucier de sa présence, parlaient de Taïnadz comme s'il eût été leur patron.

« Nous pouvons danser et nous amuser en paix, disaient-ils, il n'est pas à la veille de se réveiller. »

Ils dansèrent tout le jour, puis l'un d'eux finit par dire :

« Tout de même, nous devrions aller voir s'il dort toujours. »

Certains voulaient rester encore ; il y eut une dispute, mais celui qui proposait le retour finit par convaincre ses amis, et toute la bande joyeuse courut vers le rivage. Sans hésiter, Nazroum se leva et entra dans l'eau derrière les inconnus. Et, comme Nazroum était un garçon que rien ne pouvait étonner, il lui parut tout naturel de voir ces

jeunes gens se transformer en épaulards dès qu'ils furent touchés par la vague. Il enfourcha le plus fort de tous et il se laissa porter.

Le voyage dura quelques heures seulement ; lorsqu'ils touchèrent à l'île, les épaulards reprirent forme humaine et se dirigèrent vers une maison construite en écailles de poissons et en coquillages.

Tandis que les jeunes gens regardaient timidement par la fenêtre pour voir si le vieux des mers dormait toujours, Nazroum entra dans la maison.

Taïnadz ronflait très fort, allongé sur une peau d'ours. Sans aucun ménagement, le garçon le secoua et lui cria :

« Tu n'as pas honte de dormir tandis que les pêcheurs des fleuves meurent de faim ! Alors, et ton travail, c'est comme ça que tu le fais ? »

Le vieux se réveilla en sursaut, se frotta les yeux, plongea la tête dans une bassine d'eau glacée, s'ébroua et finit par retrouver ses esprits. Lorsque le garçon lui apprit qu'il dormait depuis plusieurs jours, le vieillard entra dans une grande colère.

« Ce sont ces paresseux d'épaulards qui ont dû verser un soporifique dans mon vin, hurla-t-il. Et pendant que je dors, ils prennent du bon temps ! Sacrebleu, nous allons voir qui est le patron des mers ! »

Ayant dit, il empoigna son fouet et sortit sur le seuil en faisant claquer la mèche.

« Au travail, bande de paresseux ! cria-t-il. Allez me battre les flots pour que le poisson remonte vers les fleuves. Allons, plus vite que ça ! Vous n'avez pas honte ! »

Il avait à peine terminé que les épaulards avaient déjà plongé et disparu.

« Merci, dit le garçon. Mais tu les as tous chassés, et moi, alors, qui va me ramener à la côte ? »

Le vieux se mit à rire dans sa barbe.

« Toi, lança-t-il. Tu vas rentrer à pied.

— À pied ? dit Nazroum en lançant un regard inquiet à la mer qui miroitait à perte de vue.

— Eh oui, fit le vieux, en empruntant ce pont. »

Et, d'un grand geste du bras, il dessina un arc-en-ciel dont un pied reposait sur l'île et l'autre à côté du village d'où était parti Nazroum.

Alors, Nazroum grimpa jusqu'au sommet de la courbe, d'où il glissa lentement, à califourchon sur le grand arc de lumière.

Je vous laisse imaginer l'étonnement des pêcheurs lorsqu'ils le virent ainsi descendre du ciel. Et je vous laisse imaginer aussi leur joie lorsqu'ils se tournèrent vers le fleuve où les poissons remontaient si nombreux qu'il fallut renforcer les filets.

Nazroum fut fêté. Il devint le maître du pays, et je crois bien qu'il l'est toujours car, depuis ce temps, le vieux de la mer ne s'est plus jamais endormi.

Tous les peuples du monde ont imaginé des êtres comme « le Vieux de la mer ». Rois puissants, ils étaient l'objet d'une profonde vénération.

Les Grecs, dont on connaît les qualités de marins, honoraient tout particulièrement Poséidon, souverain de la Méditerranée. Il gouvernait la tempête et possédait au fond des eaux un château magnifique. Il en sortait parfois et apparaissait à la surface dans un char d'or, tenant à la main un trident.

Les habitants du Nigeria parlent aussi d'un de ces personnages : Ol'-Okun. Entouré de nombreux courtisans, êtres humains ou créatures semblables à des poissons, il vivait dans un palais sous-marin. Un jour, le maître de la mer lança un défi à Dieu lui-même, mais vous pensez bien qu'il perdit. Dès lors, Ol'-Okun n'occupa plus que le second rang parmi les divinités, juste après le Créateur.

Chez les Esquimaux, on raconte une histoire qui ressemble fort à celle du Vieux de la mer. Autrefois, les océans étaient gouvernés par une femme, « la Mère de l'eau ». C'est elle qui distribuait la nourriture aux hommes. Elle n'était pas toujours d'un caractère très facile ; aussi, pour lui plaire, fallait-il lui faire des offrandes.

Un jour, il y eut une grande famine à Igdlulik et beaucoup de gens moururent de faim. Les habitants du village se réunirent dans une maison pour préparer les cadeaux destinés à la Mère de l'eau. Un homme déclara alors qu'il voulait descendre avec les présents. Il dut insister longtemps car ses amis, surpris par une telle proposition, essayaient de le retenir. Enfin il obtint le droit de se cacher sous des peaux et de partir. Lorsqu'il fut parfaitement dissimulé, les paquets furent jetés dans les flots.

L'homme parvint bien jusqu'à la Mère de l'eau, mais on ne sut jamais ce qu'ils se dirent ce jour-là. Quoi qu'il en soit, il n'y eut plus de disette, et les habitants d'Igdlulik furent de nouveau heureux. Beaucoup plus tard, ils se rendirent compte que celui qui les avait sauvés était un magicien. Ils envoyèrent donc toujours des magiciens auprès de la Mère de l'eau, quand ils avaient besoin de son aide.

TABLE

« Pour l'éditeur, le principe est d'utiliser des papiers composés de fibres naturelles, renouvelables, recyclables et fabriquées à partir de bois issus de forêts qui
adoptent un système d'aménagement durable. En outre, l'éditeur attend de ses
fournisseurs de papier qu'ils s'inscrivent dans une démarche de certification
environnementale reconnue. »

Composition JOUVE - 53100 Mayenne
N° 294768r
Achevé d'imprimer en Espagne par LIBERDÚPLEX
Sant Llorenç d'Hortons (08791)
32.10.2499.5/01 - ISBN : 978-2-01-322499-4
Loi n° 49-956 du 16 juillet 1949 sur les publications destinées à la jeunesse
Dépôt légal: septembre 2007